Andrea Weil

Weißt du noch?

Spielplatz Schlossruine,
Waldbad Marke Eigenbau,
Heiß' Wasser aus der Wand …

**Mitten aus'm Schwedter DDR-Alltag
Geschichten und Episoden**

Titelfoto: Spielende Kinder 1960, im Hintergrund die Schlossruine. Herbert Brumm/Stadtarchiv

Schriftliche Quellen:
- Stadt Schwedt (Oder) (Hg.): Chronik der Stadt Schwedt/Oder – in Daten, Dokumenten und Bildern, 2011
- Klinikum Uckermark GmbH (Hg.): 25 Jahre Klinikum Uckermark, 1998
- Philipp Springer: Verbaute Träume. Herrschaft, Stadtentwicklung und Lebensrealität in der sozialistischen Industriestadt Schwedt, 2006
- Betriebsparteiorganisation der SED (Hg.): Ein Werk des Sozialismus, der Freundschaft und der Jugend. Geschichte des VEB Petrolchemisches Kombinat Schwedt, Stammbetrieb von 1959 bis 1981, 1985

Ich danke meinen sprudelnden mündlichen Quellen: den Mitgliedern des Kulturvereins „Die Brücke" Schwedt, des Chors Criewen e.V., den Mitarbeitern des Stadtmuseums Schwedt unter Rückgriff auf verschiedene, z. T. unveröffentlichte Dokumente, und insbesondere Ingrid Becker-Didschuneit, Eckhard und Karin Bendig, Eva Brummund, Ursula Dittberner, Petra Dressler, Ingrid Fenske, Edith Gelhaar, Susanne Geschke, Rudolf Grimm, Klaus Grodon, Karl Grödel, Thomas Gröschel, Christel Guhl, Sigrid Jordan-Nimsch, Hans-Rainer Harney, Karla Heinze, Eleonore Höpfner, Werner Krause, Egon Leske, Karin Mählig, Heike Müller, Krista Neef, Ursula Patz, Karin Patzschke, Dr. Dietrich Plath, Jürgen Polzehl, Werner Risse, Irmtraud und Peter Schauer, Wolfgang Scheffler, Ralf Schlüter, Manfred Schneider, Eva Schuster, Dietrich Stein, Inge Wunderlich und Werner Zimmermann.

Bildnachweise:
Herbert Brumm/Stadtarchiv: Seite 8, 17, 19, 20, 21, 31, 32, 34, 45, 51, 54, 59, 83, Herbert Brumm/Stadtmuseum: Seite 8, 10, 23, 27, 28, 33, 39, 40, 44, 50, 52, 55, Stadtmuseum: 3, 13, 14, 15, 16, 18, 19, 22, 24, 25, 26, 28, 29, 30, 31, 36, 49, 64, 69, 70, 76, 80, 81, Bendig/Stadtmuseum: 7
Görlitz/Stadtmuseum: 6, 9, Günter Schäfer/Stadtmuseum: Seite 57, Gutjahr/Stadtmuseum: Seite 12, Kurt Koebe/Stadtmuseum: Seite 38, Stadtbibliothek/Stadtmuseum: Seite 5, Eva Brummund: Seite 6, 14, 47, 71, Krista Neef: Seite 37, 46, 73, Chronik Chor Criewen: Seite 41, Archiv PCK Raffinerie GmbH: Seite 60, 61, 75, Stadt Schwedt/Oder; Luftaufnahme: Aerophoto Ltd., 2013: Seite 3, Chronik Kinderheim Schwedt: Seite 43
Egon Leske: Seite 56, 58, Ingrid Becker-Didschuneit: Seite 47, 48
Werner Krause: Seite 65, 66, 67, Karl Grödel: Seite 38, Gerhard Möllmann Seite 35, Edith Gelhaar: Seite 10, 11, 12, Manfred Schneider: Seite 59, 63, 64, 65, Geißler: Seite 33, Inge Wunderlich: Seite 42

1. Auflage 2015
Alle Rechte vorbehalten, auch die des auszugsweisen Nachdrucks und der fotomechanischen Wiedergabe.
Druck und buchbinderische Verarbeitung:
Buchproduktion Finidr, s.r.o., Český Těšín
© Herkules Verlag
34128 Kassel, Richard-Strauß-Straße 33, Tel. (0561) 9 37 17 38
www.herkules-verlag.de
ISBN: 978-3-945608-03-6

EIN WORT VORAB

SCHWEDT, STADT DER EXTREME

Nur wenige deutsche Städte können auf eine so bewegte jüngere Geschichte zurückblicken wie Schwedt, das im Jahr 2015 sein 750-jähriges Bestehen feierte. Nach dem Zweiten Weltkrieg zu mehr als drei Viertel zerstört, wandelte sich die Oderstadt in weniger als zwei Jahrzehnten vom Tabakanbaugebiet zu einem der wichtigsten Industriezentren der DDR.

Schwedt vor 1945 – eine vom Tabakanbau geprägte Stadt mit Hohenzollernschloss.

Schwedt im Jahr 2013 – Industrie- und Nationalparkstadt.

1945 kehrten 5023 Menschen in die Trümmer zurück, 1980 lebten 54 809 meist in Plattenbauten. Der Altersdurchschnitt der Bevölkerung lag unter 30 Jahren und vor dem CENTRUM-Warenhaus standen mitunter über 20 Kinderwagen. Die Aussichten auf Arbeit im Petrolchemischen Kombinat (PCK) und der Papierfabrik, auf moderne Schulen und Kita-Plätze, Sonderkontingente an Lebensmitteln und Autos und vor allem „heiß' Wasser aus der Wand" lockten Tausende in die polnische Grenzregion. Für andere war der Satz „Ab nach Schwedt!" die schlimmste Drohung, denn hier unterhielt die Nationale Volksarmee ein berüchtigtes Militärgefängnis mit Disziplinareinheit.

Eine Stadt der Gegensätze ist Schwedt bis heute geblieben. Auf der einen Seite liegt das Industriegebiet mit der Erdölraffinerie PCK, auf der anderen erstreckt sich der 1995 gegründete Nationalpark Unteres Odertal mit seinen Poldern und Auenwiesen. Diese Extreme sind es, die mich als Zugezogene an der Region gereizt haben. Geblieben bin ich, weil ich von den Schwedtern mit offenen Armen aufgenommen wurde. Vielleicht liegt es daran, weil die meisten von ihnen einst selbst „Immigranten" aus allen Teilen der DDR gewesen sind. Für dieses Buch habe ich zahlreiche Interviews geführt mit Urschwedtern und Dazugekommenen aus allen Lebens- und Arbeitsbereichen. Und je mehr ich über Schwedts Vergangenheit erfuhr, umso fasziniert war ich von meiner neuen Heimat. Dieses Buch ist kein umfassendes historisches Nachschlagewerk. Es will keinen Beitrag leisten zu der politischen Diskussion, ob die DDR ein Unrechtsstaat war oder nicht. Es stellt schlicht die Menschen und ihren Alltag in den Mittelpunkt, die lustigen und traurigen Anekdoten, die alle erleben konnten, die zwischen 1945 und 1990 in Schwedt lebten. „Weißt du noch …?"

FLUCHT AUS DER STADT

7000 VERLASSEN SCHWEDT

Der Kirchturm brannte. Am frühen Abend des 18. April 1945 war eine Phosphorgranate in der Hohenzollernstraße eingeschlagen, das Feuer griff auf die Stadtkirche über. Die Bewohner der Vierradener Straße rannten aus ihren Häusern. Der Turm loderte wie eine Fackel, bis das Gemäuer nachgab und die Spitze zusammensackte. „Wir hatten ja schon am 25. Februar unsere Notkonfirmation – weil niemand wusste, wie lang die Stadt noch steht", erinnert sich **Eva Brummund**, Jahrgang 1931.

Zerstörung des Krieges: Überreste der evangelischen Kirche.

Am 20. April begann der Großangriff der Sowjetarmee auf die Stadt, die an einer strategisch günstigen Stelle auf dem Weg nach Berlin liegt. SS-Truppen bewachten seit Februar den Brückenkopf am Oderkanal. Gleichzeitig war die Evakuierung angeordnet worden. Nach dem Inferno rund um die Kirche flüchteten die letzten Schwedter aus der umkämpften Stadt. **Edith Gelhaar**, damals elf Jahre, wurde am Breiten-Damm auf dem Fahrrad von Jagdfliegern eingeholt. „Ich werde nie vergessen, wie meine Mutter rief: ‚Leg dich hin!'." Der Tiefflieger feuerte nicht, doch nicht alle hatten so viel Glück. Zirka 1200 Schwedter kamen ums Leben, die übrigen 7000 flohen. Mit Handwagen, Deckbetten, Besteck, den wichtigsten Papieren und einer Milchkanne Sirup, ein wertvolles, da sehr kalorienreiches Nahrungsmittel. So ging es zu Fuß über hunderte Kilometer.

RÜCKKEHR IN DIE TRÜMMER

DER SCHWERE WIEDERAUFBAU

Nach Kriegsende waren 85 Prozent der Stadt zerstört. Bis Juni 1945 kehrten etwa 1000 Schwedter in ihre Heimat zurück. Was sie vorfanden: keinen Strom, kein Wasser, eine katastrophale Versorgungslage. Untergebracht wurden die Menschen in alten Kasernen. Die fehlenden Fenster dichteten sie mit Pappe ab oder stückelten sie aus Scherben zusammen.

85 Prozent der Stadt lagen Ende April 1945 in Trümmern.

Vier Familien lebten in einer Wohnung, für das ganze Haus gab es nur eine Toilette. „Der Hunger war in Schwedt großgeschrieben", sagt **Eva Brummund**. Als 14-Jährige musste sie als Trümmerfrau arbeiten, um Lebensmittelkarten zu bekommen. Manchmal halfen die Mädchen auch auf dem Feld. Einmal entdeckten sie einen Getreidespeicher und stopften sich die Taschen voll, doch weil eine Freundin die Zipfel ihrer zum Sack umfunktionierten Decke nicht festhielt, zog sie auf dem Heimweg eine Körnerspur hinter sich her. Erwischt wurden die Mädchen glücklicherweise trotzdem nicht.

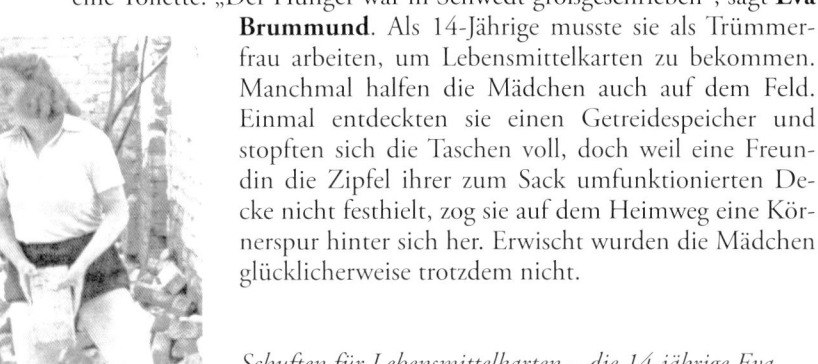

Schuften für Lebensmittelkarten – die 14-jährige Eva Brummund als Trümmerfrau.

Zuständig für die Organisation der Entrümpelung war **Willi Bendig**. Der ehemalige Berufssoldat war mit nur einem Arm aus dem Krieg gekommen und holte nun im Fernstudium den Bauingenieur nach. Bauern mussten ihre Fuhrwerke für den Abtransport der Steine zur Verfügung stellen, die die Frauen freigeklopft hatten. Eine Lorenbahn mit Diesellok fuhr quer durch die Stadt bis zum Bollwerk. Dort, am sumpfigen Ufer des Kanals, wurde der Schutt aufgeschüttet.

Die Enttrümmerungskolonne transportierte die Überreste der Ruinen mit Loren ab.

„Der Park hinter dem Schloss liegt deshalb heute 2,50 Meter höher als früher", weiß **Eckhard Bendig**, Sohn von Willi Bendig. Die Kirche konnte ab 1952 wieder für Gottesdienste benutzt werden, allerdings wurde die Turmspitze nie wieder aufgebaut, der Eingang aus statischen Gründen verlegt – und der Altar zeigt seither nicht mehr nach Osten, sondern Westen.

DER BÄR MIT DER KAMERA

Zwischen 1959 und 1984 war das in Schwedt ein typisches Bild: Ein Mann stand an Straßen (oder darauf), auf Balkonen, Leitern und Tanklagern für Öl, eine Kamera auf dem Stativ, eine weitere um den Hals, und fotografierte das Leben: die Schlossruine und die Männer, die den Schutt forträumten, die Geschäfte und ihre Verkäuferinnen, die Kinderwagen und die Erde, die unter den Reifen der Moto-Cross-Maschinen in den Müllerbergen aufspritzte. Herbert Werner Brumm (1909–1985) war freischaffender Fotograf, Schriftsteller und Hörspielautor aus Berlin. Seine erste Leica-Kamera, die in ihm die Begeisterung fürs Fotografieren weckte, verlor er im Zweiten Weltkrieg.

Von 1959 an dokumentierte er den Schwedter Alltag im Auftrag des Rats der Stadt, des PCK und der Papierfabrik. Allerdings wohnte der Naturliebhaber nur zwei Jahre in der Stadt, 1967 zog er mit seiner Familie nach Gramzow, um Abstand von der Arbeit zu gewinnen. Unter dem Pseudonym „Harry Bär" schrieb er 1961 seine Erinnerungen an die frühen Aufbaujahre nieder.

Dokumentierte den Aufbau der Stadt in Bildern: Herbert Werner Brumm.

SPIELPLATZ SCHLOSSRUINE

SCHLITTENFAHREN AUF DER RAMPE

Für den fünfjährigen **Eckhard Bending** und viele andere Kinder war die Trümmerstadt ein einziger Abenteuerspielplatz. Sie liefen barfuß herum und fühlten sich stark, wenn es ihnen gelang, die maroden Mauern umzustoßen. Sie sammelten alte Patronen und zündelten mit Schwarzpulver.

Kinder nutzten 1960 die Baustellen als Sandkasten, die Schlossruine (Hintergrund) als Abenteuerspielplatz.

Am beliebtesten war aber die Schlossruine, bis 1788 Sitz der Markgrafen, danach Privatbesitz des Hauses Hohenzollern. Zur Kanalseite hin gab es zwei Rampen, die sich im Winter als Rodelbahnen eigneten. In einem Gewölbe darunter war eine kleine Menagerie eingerichtet, mit einheimischen Tieren wie Fuchs, Wildschwein und Hirsch „Hansi". Schlossgärtner Thomas hatte allerdings alle Hände voll zu tun, die Kinder von Blödsinn abzuhalten.

Die Rampe auf der Rückseite des Schlosses war eine beliebte Schlittenbahn.

Ingrid Fenske, die gleich am Schlosspark aufwuchs, erinnert sich, wie sie mit Freunden ganz oben auf den Mauern des linken Flügels herumbalancierte. Das Dach war weg, das Obergeschoss der Witterung ausgesetzt, die Mauern mit Moos bewachsen.
„Herr Thomas wartete, bis ich wieder sicheren Boden unter den Füßen hatte, um mich nicht zu erschrecken. Dann hat er mich aber zu meinen Eltern geschleift." Das gab Hausarrest – hielt Ingrid aber nicht lange von der Ruine fern.
In den 1950ern begannen erste Renovierungsarbeiten an dem Gemäuer. Weil jedoch Walter Ulbricht und die SED das knappe Geld eher für Wohnungsbau einsetzen wollten als dafür, den Pomp des Adels zu erhalten, wurde die Ruine schließlich zwischen dem 15. September und 15. Oktober 1962 in Etappen gesprengt.

Das schmerzt einige Urschwedter noch heute. Proteste gab es jedoch keine, denn man war mit dem Aufbau der Raffinerie und der Wohnungen für die Arbeiter beschäftigt, die nach Schwedt strömten.

1962 sammelten sich Schaulustige am Schloss, um die Sprengung mitzuerleben. Der Mittelteil war bereits gefallen.

OTTO BORRISS IM UNRUHESTAND

LEHRER BAUT SCHULSYSTEM WIEDER AUF

Dass nicht nur die Gebäude, sondern auch Kultur, Wissen und Werte wieder aufgebaut wurden, verdankte Schwedt in den ersten Nachkriegsjahren allen voran **Otto Borriss** (1881–1975). Der 64-Jährige war einer der wenigen Lehrer, die nie in die NSDAP eintraten. Er hatte einige Schicksalsschläge hinter sich: Seine Frau war an Typhus gestorben, ein Sohn an der Ostfront verschollen (er kehrte später heim). Statt in Rente zu gehen, widmete sich Otto Borriss dem Aufbau des Schwedter Schulwesens.

Der Abiturjahrgang 1952 bereitete sich in provisorischen Klassenräumen auf die Prüfungen vor.

Er suchte geeignete Junglehrer und motivierte sie zum Fernstudium. Im Stadtrat war er für Bildung und Gesundheitswesen zuständig und setzte eine allgemeine Impfung für Schüler durch. Anfangs waren die Klassen in zwei Zimmern im katholischen Pfarrhaus und vier in der zum Teil zerstörten Knabenschule untergebracht, 60 Jugendliche in einem Raum. Wer zu spät kam, musste auf der Fensterbank sitzen. Otto Borriss unterrichtete selbst und stellte dabei hohe Ansprüche: **Edith Gelhaar** erinnert sich, dass sie jeden Tag ein Gedicht auswendig lernen musste. „Beim Vortrag von Schillers Glocke habe ich mich nur zweimal versprochen und bekam nur eine Drei."

Otto Borriss und seine „Rabaukenklasse". Für den Wiederaufbau kam der Lehrer extra aus der Rente zurück.

Obwohl er ihnen nichts schenkte, mochten die Schüler ihren Rektor und nannten ihn hinter seinem Rücken liebevoll „Ottchen". „Wir wussten, dass er für uns eintritt", sagt Edith Gelhaar. Sie gehörte zum zweiten Jahrgang, der nach dem Krieg Abitur machte; 1952 verließ sie zusammen mit dem mittlerweile 71 Jahre alten Rektor die Schule. Otto Borriss nannte sie die „Rabaukenklasse", vor allem, nachdem die Schüler einmal eine historische Stadtkarte von Schwedt von der Wand gerissen hatten. Denn Heimatkunde war das große Steckenpferd des Lehrers. Ständig war er auf der Suche nach Relikten fürs Museum, das er bis 1965 ehrenamtlich leitete. Heute ist der Förderverein des Schwedter Stadtmuseums nach Otto Borriss benannt.

MONPLAISIR UND TANZEN

LEBENSMITTEL FÜR TANZUNTERRICHT

Auch bei der Wiederherstellung von „Monplaisir", einem Jagdschlösschen, das Markgraf Friedrich Heinrich 1778 von Hofbaumeister Berlischky errichten ließ, war Otto Borriss engagiert. Er achtete darauf, dass ein Anbau zum spätbarocken Stil passte. Edith Gelhaars Vater war einer der Handwerker, die in Eigeninitiative mithalfen. Am 10. August 1954 feierte seine Tochter im „Monte" ihre Hochzeit, zusammen mit der Silberhochzeit ihrer Eltern, und weihte damit den Saal ein.

Mit ihrer Hochzeit weihte das Ehepaar Gelhaar den Monplaisir-Festsaal ein. Otto Borriss machte Fotos.

Besonders in den 1980ern war die Gaststätte für Tanzveranstaltungen und Konzerte sehr beliebt. Tanzstunden gab es in Schwedt übrigens schon wieder ab 1946. Eva Brummund erinnert sich, dass **Tanzlehrer Wildauer** aus Berlin besonders gern Söhne und Töchter von Landwirten unterrichtete, die in Lebensmitteln bezahlten. Für den Abschlussball nähte sich die 15-Jährige ein Kleid aus einem blaukarierten Bettbezug.

1778 als Parkschlösschen erbaut, galt das „Monte" als gehobene Gaststätte. Im Biergarten aber gab es für jeden etwas.

Das „Monplaisir" wurde in den 70ern zu einer „hochwertigen" Gaststätte umgebaut. Weil dort ein gehobenes Preisniveau herrschte, galt das Lokal als „Intelligenz-Gaststätte". Einen Platz bekam man in den Räumen fast immer. Das Essen war teuer, aber von sehr guter Qualität. Es gab aber auch einen Selbstbedienungsbereich und einen Biergarten.

Für ehemalige Schwedter Abiturienten war es eine ganz besondere Tradition, sich am zweiten Weihnachtsfeiertag im „Monte" zu treffen und zu sehen, was aus den anderen geworden war, erinnert sich **Krista Neef**. Die Gaststätte passte zu der in der Nähe befindlichen Eigenheimsiedlung „Monplaisir", von der Bevölkerung „Prinzensiedlung" genannt.

Mit dieser Postkarte bewarb das Monplaisir seinen Festsaal für besondere Anlässe.

DIE TABAKWEIBER

SCHEUNEN WERDEN GALERIEN

Seit dem 17. Jahrhundert hatten die Landwirtschaft und vor allem der Tabakanbau Schwedt geprägt. Sandiger Boden und viele Sonnenstunden ließen die Pflanze prächtig gedeihen. Die Kernstadt war geradezu umzingelt von Dutzenden Tabakscheunen.

Tabakernte, im Hintergrund die Scheunen am Schwedter Stadtrand.

Das kam den Schwedtern in der Nachkriegszeit zugute: Schwarzmarkthändler kamen aus Berlin und tauschten Tabak gegen Kleidung. Ein Umschlagplatz war die Wohnung von Stadtbaumeister **Willi Bendig**. Sein Sohn Eckhard sieht noch vor sich, wie die Frauen im Flur standen und „wie kleine Fässer" aussahen. Sie hatten sich die getrockneten, fermentierten Tabakblätter in Schnüren um den Bauch gebunden und unter dem Wintermantel nicht nur aus den Scheunen geschmuggelt. Denn die Frauen, die schon zur Trümmerbeseitigung verpflichtet wurden, sprangen auch öfter bei der Tabakernte und in den Fabriken ein. Dort wurden die Blätter gestapelt und erhitzt, bis sich das Eiweiß abbaute und sie genießbar wurden. Der typische Geruch des Fermentierungsprozesses blieb in Kleidern und Haaren hängen. „Wenn wir nach Feierabend einkaufen gegangen sind, hieß es immer: ‚Die Tabakweiber kommen'", erzählt **Eva Brummund**. Sie persönlich störte das nie.

Arbeiterinnen drehten Zigarren mit der Hand in der ersten Schwedter Tabakmanufaktur.

VOLKSLIEDER UND -TÄNZE IM KULTURHAUS

Eva Brummund bekam nach dem Abitur, das sie 1950 in Angermünde ablegte, keinen Studienplatz und fing als Gütekontrolleurin bei der Uckermärkischen Tabakverwertungsgenossenschaft an. Diese wurde am 1. Oktober 1953 verstaatlicht und in den Volkseigenen Betrieb (VEB) Rohtabak umgewandelt. Eva Brummund baute die Kulturgruppe Rohtabak mit auf. Wenn sie mit Volksliedern und -tänzen im Kulturhaus „Neue Zeit" auftraten, war der Laden voll.

Die Kulturgruppe „Rohtabak" war auf traditionelle Tänze spezialisiert.

Auf Anregung von Direktor Becker begann Eva Brummund 1959 ein Fernstudium in Ökonomie. Später wechselte sie zur Mineralölverbundsleitung. Denn bald war Tabak nicht mehr die Nummer eins in Schwedt, sondern Papier und Erdöl.

Einige Tabakspeicher mit ihrer charmanten Ziegelsteinfassade wurden später umgebaut, wie der Ermelerspeicher in der Leninallee (heute Lindenallee), der ab Juni 1988 Sitz einer Galerie und nach der Wende der

Eingangstor der Uckermärkischen Tabakverwertungs-Genossenschaft.

Stadtbibliothek war. Der beheizte Teil eines Tabakspeichers in der Gerberstraße nahe des Kanals, heute Galerie am Kietz, beherbergte von 1957 bis 1962 die Entbindungsstation, danach nochmal zehn Jahre lang die Abteilung Zahntechnik.

WELLPAPPE FÜR DEN WESTEN

PAPIERFABRIK GIBT STARTSCHUSS FÜR WANDEL

Noch bevor Schwedt wegen seiner Raffinerie bekannt wurde, lief am 31. Oktober 1961 um 6.10 Uhr der erste Karton vom Fließband des Volkseigenen Betriebs (VEB) Papierfabrik. „Wir waren aus der ganzen DDR zusammengewürfelt, alle haben mit angepackt und die Maschinen in einem immensen Tempo aufgebaut", beschreibt **Karla Heinze** die gut dreieinhalb Jahre zwischen Grundsteinlegung und Betriebsaufnahme. Die Sowjetunion hatte nach dem Krieg zahlreiche Papiermaschinen als Reparationszahlungen weggeschafft und die DDR brauchte dringend neue Fabriken. Schwedt bot da den idealen Standort: Das Gelände an der Hohensaaten-Friedrichsthaler-Wasserstraße war leicht zu erschließen und auszubauen, es gab eine Bahnanbindung, der Kanal diente als Transportweg und lieferte zugleich Wasser, das man fürs Zerfasern von Zellstoff benötigte. 1961 war die größte und modernste Papierfabrik der DDR fertig. In den kommenden Jahren wurden hier nicht nur Kartons, sondern auch Windeln und Wellpappe hergestellt, die in den Westen exportiert wurden. Die Fabrik druckte Tapeten und den „Neuen Tag", die Bezirkszeitung der SED.

Der hohe Schornstein des Kraftwerks des VEB Papierfabrik prägte das Schwedter Stadtbild am Kanal schon 1967.

Dabei halfen die Arbeiter nebenbei auch noch bei der Kartoffel- und Tabakernte, bauten den ersten standardisierten Sportplatz der Stadt und das Waldbad mit auf. In dem von **Karla Heinze** geleiteten, betriebseigenen Kulturhaus fanden Konzerte und Theateraufführungen statt – eine Bereicherung für das Zusammenleben, auf die sie heute noch stolz ist.

WASSER UND ÖL

ERDÖL KAM AUS DEM TANKWAGEN

Schwedts günstige Lage an der Wasserstraße verschaffte der Stadt auch den entscheidenden Standortvorteil für das geplante Erdölverarbeitungswerk: **Hans Adler**, stellvertretender Minister für Chemische Industrie, besuchte Schwedt, stapfte nach eigener Aussage stundenlang bei Monplaisir durch den Wald und empfahl das Gelände. „Wasser, Wasser und nochmals Wasser", lautete eine Begründung, zitiert in der 1985 herausgegebenen, parteipolitisch gefärbten Geschichte des „VEB Petrolchemisches Kombinat Schwedt Stammbetrieb, Ein Werk des Sozialismus, der Freundschaft und der Jugend". Am 11. November 1959 wurde in Schwedt der Grundstein gelegt für den VEB Erdölverarbeitungswerk (EVW). An diesem Tag erschien auch erstmals die Betriebszeitschrift „Junger Erbauer". Es dauerte allerdings noch bis zum 31. Juli 1963, ehe die im Bau befindliche Erdölleitung „Freundschaft" von der Sowjetunion das Werksgelände erreichte.

Neue Lebensader – 1963 verlegten Arbeiter die letzten Meter der Pipeline.

Walter Ulbricht eröffnete die Leitung offiziell am 18. Dezember. Das erste Öl, das beim Festakt so werbewirksam aus der Pipeline floss, kam allerdings aus einem Tankwagen – die Fertigstellung hatte sich um eine Woche verzögert, wie der ehemalige Produktionsleiter **Werner Zimmermann** bestätigt. Trotz dieses holprigen Starts sollte die Erdölleitung mit zur wichtigsten Lebensader Schwedts werden.

WO IST DER BAHNHOF?

SCHWEDT ALS DAUERBAUSTELLE

In Schwedt herrschte Aufbruchsstimmung. Arbeiter strömten in die Stadt, um Papierfabrik, Erdölverarbeitungswerk und Wohnungen zu bauen. 1959 mussten sie in Zeltstädten, eilig gezimmerten Wohnbaracken und in den Sälen der Gaststätten in den umliegenden Dörfern untergebracht werden. 1961 gab es in Schwedt nur 2270 Wohnungen für 9727 Einwohner, die rund 3200 Arbeiter nicht mitgezählt. Wer die Stadt Anfang der 1960er-Jahre erlebte, hatte nicht gerade den besten ersten Eindruck.

Ingrid Becker-Didschuneit, Kunsterzieherin aus Greifswald, erinnert sich an ihre erste Fahrt mit dem Zug, bei Matschwetter im Frühjahr 1964: „Als die

1962 wurden in der ganzen Stadt Wohnblöcke hochgezogen.

Bahn hielt, bin ich gar nicht ausgestiegen, weil ich dachte, ich fahre ja bis zum Hauptbahnhof durch." Doch die freie Fläche mit der windschiefen Baracke war bereits die Endhaltestelle.

Peter Schauer, der später Schwedts erster Bürgermeister nach der Wende werden sollte, beschreibt seinen Eindruck als „tiefstes Texas". „Die ganze Stadt war eine Baustelle." Über die Kabelschächte entlang der Straße waren nur Bretter gelegt. Alles wirkte grau und dreckig, kaum ein Fleck Grün – doch von seiner neuen, hochmodernen Firma PCK war Peter Schauer tief beeindruckt.

Wie eine Großstadt – die „Berliner Scheiben" entlang der Leninallee.

Kein Jahrzehnt später hatte sich das Bild völlig gewandelt. Die Zugezogenen aus den 1970ern schwärmen von der breiten Prachtstraße Leninallee, einst Schlossfreiheit, von dem CENTRUM-Kaufhaus mit seinen Wasserspielen davor, von den modernen Wohnungen. „Überall war Licht", sagt **Karl Grödel**. „Schwedt wirkte wie eine Großstadt."

STADTPLANER KOMMT NICHT NACH

Den größten Bevölkerungszuwachs innerhalb eines Jahres erlebte Schwedt zwischen 1963 und 1964: 4315 Zuzügler ließen die Einwohnerzahl auf 19 090 wachsen. Damit war die Planung von Stadtarchitekt Selman Selmanagic aus dem Jahr 1960 längst überholt: Der hatte mit 17 000 Einwohnern gerechnet. Trotzdem sorgte sein Entwurf dafür, dass Schwedts Stadtbild im Vergleich zu anderen DDR-Planstädten bis heute nicht nur von „Platte", sondern auch von großzügigen Grünflächen geprägt wird.

Über zehn Jahre wuchs Schwedt rasend schnell: Baustelle 1972 in der Otto-Grotewohl-Straße.

BAUEN IM AKKORD

„PLATTE" STEHT, STROM KOMMT SPÄTER

Eine Großstadt war Schwedt nie, selbst nicht im Jahr 1980, als es mit 54 809 seine größte Einwohnerzahl zu verzeichnen hatte. Doch wegen seiner wirtschaftlichen Bedeutung genoss es einige Privilegien, wie das Kaufhaus oder Sonderkontingente bei der Autolieferung, die Arbeiter in die Grenzregion zu Polen locken sollte. Die Wohnkomplexe, gelegentlich im Spaß „Arbeiterintensivhaltung" genannt, wurden zum Teil in Rekordzeit von zwei Monaten hochgezogen – so schnell, dass der Tiefbau mit dem Installieren der Wasser- und Stromanschlüsse nicht nachkam.

Badewannen waren Standard in den Schwedter Platten – nur standen die Blöcke schneller als der Wasseranschluss (1963).

Schwedts Altstadt – Im Hintergrund neue Wohnungen 1964.

„Wir sind in der ganzen DDR herumgefahren und haben Betonfertigteile aufgekauft, weil das Betonwerk nicht nachkam", erzählt **Eckhard Bendig**. Er war in die Fußstapfen seines Vaters getreten und hatte beim städtischen Wohnungsbaukombinat die Oberbauleitung übernommen. „Die Häuser sind aus dem Boden geschossen wie Pilze."

Die Fertigteile aus Beton kamen aus der ganzen DDR und mussten „nur noch" zusammengesetzt werden.

ANTEILE FÜR MIETER

Die 1959 gegründete Arbeiterwohnungsbaugenossenschaft (AWG) „Friedenswacht" arbeitete mit einem anderen Konzept: Mieter konnten sich Anteile für günstige Wohnungen sichern, indem sie beim Aufbau mithalfen, Gräben aushoben, Garagen mauerten oder Grünanlagen gestalteten. Im Oktober 1965 waren die ersten beiden „Berliner Scheiben" entlang der Leninallee bezugsfertig: Die Blöcke waren vom Berliner Wohnungsbauprogramm für Schwedt abgezweigt, die Einzelteile der Zehngeschösser wurden auf dem Wasserweg herangebracht.

Bis die zahlreichen Wohnungssuchenden eine zugeteilt bekamen, mussten sich bis zu drei Parteien eine Wohnung als Unterkunft teilen. Manches junge Pärchen, heißt es, habe sich schneller als geplant entschieden zu heiraten, weil für Ehepaare die Wartezeiten auf die eigenen vier Wände kürzer waren.

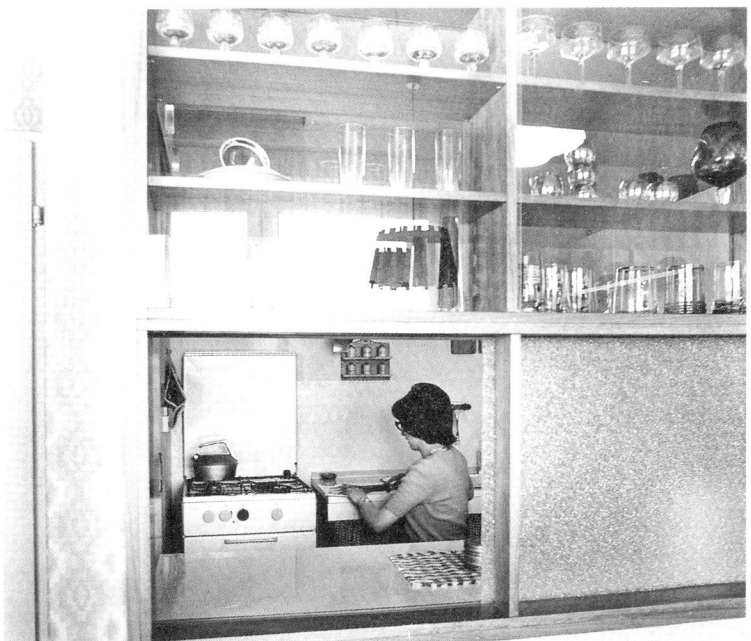

Blick in eine Zweizimmerwohnung: Modern, praktisch und in der ganzen Stadt exakt gleich.

Das Baden in der Zinkwanne hatte ein Ende für die, die eine Neubauwohnung ergattert hatten. Hier kam das heiße Wasser ohne Umstände aus der Wand.

Jeder Aufgang bildete eine eingeschworene Gemeinschaft, sagt **Irmtraud Schauer**. „Man wusste immer, da ist jemand, wenn man jemanden braucht." Ihr Mann **Peter Schauer** übernahm die Hausgemeinschaftsleitung und musste ins Hausbuch eintragen, wer wann Westbesuch bekam. Doch die modernen Wohnungen mit Fernwärme und „heiß' Wasser aus der Wand" nennen viele Schwedter heute noch als Grund, warum sie einst an die Oder zogen.

WESTFERNSEHEN PER KABEL

Im Grenzgebiet hatten die Schwedter stets einen schlechten Fernsehempfang, bis 1977 die ganze Stadt ans Kabelnetz angeschlossen wurde. Mindestens sechs Sender gab es, darunter ARD und ZDF. Offizielles Westfernsehen – plötzlich war es da, zusammen mit dem stillen Einverständnis, nicht darüber zu sprechen. So hatten die Stadtoberen ihr Ziel erreicht: Die Privatantennen verschwanden von den Balkonen und Dächern.

SAUBERKEIT ALS GEMEINSCHAFTSERLEBNIS

BADEHAUS UND HEISSMANGEL

Bis jeder Schwedter seine Wohnung mit Wasserleitung und Badewanne hatte, betrieb das Gaswerk an der ehemaligen Schlossfreiheit noch eine Warmbadeanstalt. Eröffnet worden war sie 1909. Eckhard Bendig weiß noch, dass es sechs abschließbare Kabinen mit je einer Badewanne gab, um die Privatsphäre zu wahren, dazu vier Brausen. Die Familie von **Dr. Dietrich Plath** marschierte einmal in der Woche dorthin, um sich warm waschen zu können. „Die Oma kam immer als Letzte in die Wanne."

Ende der 60er schloss das Gaswerk die Warmbadeanstalt. Eine Badewanne gehörte nämlich zur Grundausstattung jeder „Platte". Für viele, die damals aus ländlichen Gebieten kamen, wo sie zum Teil auf Hinterhöfen wohnten, war das der reinste Luxus: Wohnungen mit Bad, Balkon und Fernheizung, die sie dem industriellen Aufschwung Schwedts verdankten.

Wegweiser zur Warmbadeanstalt im Gaswerk.

Zuvor war auch das Wäschewaschen nicht leicht, wenn man in der DDR-Mangelwirtschaft jahrelang auf eine Waschmaschine warten musste – die anfangs noch nicht mit einem Schleudergang ausgestattet war. Windeln wurden auf dem Ofen gekocht und mit dem Waschbrett bearbeitet. Öffentliche Mangeln zum Bügeln der Wäsche gab es zwei: eine elektrische gegenüber der ehemaligen Mädchenschule und eine handbetriebene in der Vierradener Straße. „Rollen gehen" nannten die Schwedter das. Allerdings erinnern sich viele Frauen nur ungern an den engen, dunklen Raum und die schwere Kurbel. „Hinterher sah die Wäsche fast schlimmer aus als vorher", sagt **Susanne Geschke**. Da man sich aber für die elektrische einen Termin holen musste, fand die handbetriebene Mangel trotzdem immer wieder Kunden. Eva Brummund bekam ihre erste Waschmaschine 1966 über einen Verwandten. „Man musste Beziehungen haben", sagt sie. Manchmal wusch sie deshalb für die Nachbarn in der netten Hausgemeinschaft die Wäsche.

Große Wäsche auf dem Lande – aber nicht nur dort war das Wäschewaschen immer mit großen körperlichen Anstrengungen verbunden.

VOM SAFTLADEN ZUM VORZEIGEBETRIEB

WERNER FROHN MACHT DEM PCK BEINE

Aufstrebender Industriestandort hin oder her – in den 1960ern bereitete Schwedt den DDR-Oberen Kopfzerbrechen. 1961 löste man die Stadt aus dem Kreis Angermünde heraus und gab ihr eine eigene Verwaltung. Erster Kreissekretär war **Werner Krause**. Der hatte bei einer Sitzung mit Erich Honecker in Frankfurt (Oder) nur Schlechtes gehört: Die Papierfabrik hänge mit der Planerfüllung hinterher, das Bauwesen sei ein Chaos und das Erdölverarbeitungswerk bekomme die geplante Düngemittelfabrik nicht auf die Reihe. „Mir hat Schwedt

Die Freie Deutsche Jugend (FDJ) half 1962 beim Aufbau der Tanklager.

trotzdem gefallen, vor allem, wie die Bürger für ihre Stadt eingestanden sind", sagt Werner Krause rückblickend.

„ICH KOMM' ZU EUCH KAFFEE TRINKEN. DIE ANDEREN SIND DOCH ALLES IDIOTEN!"

1970 wurde das EVW zum Stammsitz des neu gegründeten VEB Petrolchemisches Kombinat. Die Abkürzung PCK sollte eine solche Marke werden, dass sie selbst nach der Wende beibehalten wurde. Den Posten des Generaldirektors übernahm der bisherige Stellvertreter, **Werner Frohn**. „Der hat seine Direktoren richtig rundgemacht, wenn was nicht lief", erinnert sich **Klaus Grodon**. Als Fahrer war er immer mit dabei, wenn beispielsweise eine Chemietagung in Gera anstand. Die PCK-Leitung musste sich Vorträge von Ministern anhören, die Fahrer ließen es sich bei Kuchen gutgehen. In der Pause kam Werner Frohn im Sturmschritt auf ihren Tisch zu. „Rutsch mal beiseite!", fauchte er. „Ich komm' zu euch Kaffee trinken. Die anderen sind doch alles Idioten!"

Haupteingang zum Erdölverarbeitungswerk.

Werner Frohn blieb bis 1990 und führte das PCK zum Erfolg. Dabei hatte der Betrieb in den sieben Jahren davor fünf Direktoren verschlissen. Die fünf Blumenbeete vor dem Haupteingang nannten die Mitarbeiter boshaft „Direktionsgräber".

UNSITTE – FRAUEN STRICKTEN AUF DEM FLUR

Karl Grödel, der in Halle beim Dachverband VVB (Vereinigung Volkseigener Betriebe) in der Verwaltung arbeitete, kannte Schwedt als „schwarzes Schaf": „Nie kamen die mit den Unterlagen pünktlich ran, und wenn sie kamen, waren sie falsch." Also übernahm er 1969 die Leitung der Abteilung Kostenrechnung – schließlich sollte ausgerechnet der „Saftladen" Stammsitz des neuen Kombinats werden. Als Erstes schaffte Karl Grödel die Unsitte ab, dass viele Frauen in ihrer Pause auf dem Flur saßen und strickten und um vier Uhr nach Hause gehen wollten, obwohl der Monatsabschluss anstand. „Das war eine zusammengewürfelte Mannschaft aus Landwirtschaft und Konsum, keine Fachleute."

Damals wie heute ist die bei Nacht hell erleuchtete Anlage ein beeindruckender Anblick.

Aber nach und nach sei PCK durch harte Arbeit ein Vorzeigebetrieb geworden. 8700 Menschen gehörten vor der Wende zur Stammbelegschaft. „Was aus nichts alles geworden ist, aus einem Stück Wald – da waren wir mit Recht stolz drauf", sagt Karl Grödel.

SCHWEFEL ODER BLÜTENSTAUB?
UMWELTSÜNDEN DER FRÜHEN JAHRE

Berliner Gäste bei **Irmtraud Schauer** sagten oft: „Ah, es riecht nach Schwedt." Wenn der Wind von Südwesten wehte, verteilte sich der Gestank nach faulen Eiern – Schwefeldioxid, das aus dem Rohöl herausgelöst werden muss – über die ganze Stadt. „Umweltschutz interessierte damals doch keinen", sagt Irmtraud Schauer. Gerade unter den Kindern seien Krankheiten wie Pseudokrupp und Bronchitis weit verbreitet gewesen. **Ursula Patz** erinnert sich, dass manche Eltern so verängstigt waren, dass sie die gelben Ränder auf den Pfützen für Schwefel hielten – dabei war es nur Blütenstaub. Die Haltung der Parteileitung dazu war klar: Wer in einer Chemiestadt lebt, muss damit leben, dass es mal stinkt. Erst 1987 wurde in der Stadtordnung ein Passus festgelegt, der die Betriebe dazu verpflichtete, sich um die „Reinhaltung der Luft" und den „Schutz vor Lärm" zu kümmern.

OLYMPIASTADION STATT KRANKENHAUS

AUF DER SUCHE NACH BAUMATERIAL FÜRS GESUNDHEITSZENTRUM

Die ärztliche Versorgung wurde in der stetig wachsenden Stadt immer schwieriger. In der Bahnhofstraße gab es ein kleines Krankenhaus mit 96 Betten, die Gynäkologie war im alten Tabakspeicher untergebracht, andere Abteilungen wurden über die ganze Stadt verteilt, sogar im Arbeiterwohnheim. Da dies nicht mehr lange reichen würde, plante die SED-Führung ein Gesundheitszentrum mit 670 Betten. Am 1. August 1966 fand die Grundsteinlegung statt. Der Stellvertreter des Ministers für Gesundheitswesen, **Dr. Herbert Erler**, setzte sich dafür auf die Planierraupe. Zum Glück hatte sich die Baufirma dagegen entschieden, den Politiker wirklich Erde schieben zu lassen – eine Woche später stellte sie fest, dass keine 40 Zentimeter unter der Oberfläche ein Hochspannungskabel verlief, das er unter Garantie zerstört hätte.

SITZBADEWANNEN FEHLTEN

Als **Dietrich Stein** am 1. September 1970 die technische Leitung übernahm, war das Gesundheitszentrum noch immer eine Baustelle. Von der siebten Etage des Bettenhauses sollte sogar eine der gelben Außenplatten abgefallen sein, weil sie nur verschraubt worden waren, erzählten ihm die Bauarbeiter.

Endlich fertig – das Krankenhaus mit angeschlossener Poliklinik (rechts vorn) in den 70ern.

Der technische Leiter war in der ganzen DDR unterwegs, um persönlich Materialien zu besorgen. Manchmal musste er aber auch gar nicht weit fahren, erzählt er aus seiner persönlichen Erinnerung heraus: Als er den Bescheid bekam, dass Sitzbadewannen momentan nicht zu kriegen seien, entdeckte er, dass im 20 Kilometer entfernten Angermünde die Stanz- und Emaillierwerke genau das Passende herstellten. Einmal jedoch mussten Anfang der 70er bereits gelieferte Fliesen auf politischen Beschluss wieder abtransportiert werden. Durch Zufall erfuhren die Schwedter später, dass sie im Münchner Olympiastadion verbaut wurden.

„IRGENDWIE HAT ES IMMER GEKLAPPT!"

Das Krankenhaus wurde nach einem experimentellen Grundriss gebaut, um den Schwestern die Laufwege zu verkürzen: Behandlungseinheiten in der Mitte, Zimmer davon wegführend wie Fischgräten. In Betrieb genommen wurde das Bettenhaus von oben nach unten, was erhebliche Schwierigkeiten mit sich brachte: Immer wieder musste zwischendurch das Wasser abgestellt werden, weil in den unteren Stockwerken noch gebaut wurde. „Irgendwie hat es immer geklappt, weil die Baufirma, BMK-Ost Industriebau Schwedt, ganz wunderbare Arbeit geleistet hat", betont der technische Leiter.

Die Poliklinik zur ambulanten Behandlung arbeitete seit dem 18. Dezember 1971. Im Speisesaal gab es ein Wandbild aus Meißner Keramik, das jedoch nach einem Setzriss im Baukörper völlig zerstört wurde. „Das hat richtig geschmerzt." Am 20. Dezember 1973 nahm das Krankenhaus mit 500 Mitarbeitern in 14 Fachabteilungen, darunter eine Apotheke, eine Blutspendezentrale und ein Zentrallabor, seine Arbeit auf. Ab dem 1. Januar 1981 versorgte Schwedt als Bezirkskrankenhaus den ganzen Norden des Bezirks Frankfurt Oder, 1984 kam ein Dialysezentrum hinzu.

Kurze Wege, moderne Ausstattung: Fürs Foto wurde der Narkose-Vorgang nachgestellt.

JOBS FÜR DIE GANZE WELT

ARBEITER VON KUBA BIS VIETNAM

Noch heute scherzen die Schwedter darüber, dass sich die zugezogenen Mecklenburger und Sachsen erst einmal in den Hausgemeinschaften zusammenraufen mussten – und dass es weniger Probleme gab, die Fachkräfte aus aller Welt in der „Stadt der Immigranten" zu integrieren. Auf den Baustellen arbeiteten Jugoslawen und Japaner, in der Schuhfabrik Kubaner und Vietnamesen.

Arbeit für Frauen und die ganze Welt – der VEB Schuhfabrik.

Die Schuhfabrik des Produzenten „Banner des Friedens" Weißenfels eröffnete am 29. Mai 1975 den Standort Schwedt, um 1600 Arbeitsplätze zu schaffen und vor allem den Frauen der Chemiearbeiter, die ihre Männer nach Schwedt begleitet hatten, eine Aufgabe zu geben. Da man auch seine Freizeit im Arbeitskollektiv verbrachte, gab es einen entscheidenden Vorteil: Wer Arbeit hatte, hatte auch Anschluss. Frauen bekamen viel Unterstützung bei Umschulungen und Fernstudium, wurden für Prüfungen freigestellt und hatten einen bezahlten Haushaltstag im Monat, um alle Arbeiten rund um die Wohnung, die in der Arbeitswoche zu kurz kamen, zu erledigen.

In der Schuhfabrik kamen auf 200 Frauen in einer Schicht drei Männer – die dann beim Frauentag um einen Fast-Striptease nicht herumkamen. Hergestellt wurden Kinderschuhe mit den Namen „Muck", „Sporty" und „Buratino". Am Band von Meisterin **Gerda Augustin** standen zehn

Die Näherinnen stellten Kinderschuhe mit Namen wie „Muck" und „Sporty" her.

Kubanerinnen. „Sie wussten gar nichts, konnten kein Deutsch – aber jeden Morgen haben sie mich mit Küsschen begrüßt", erzählt sie.

UNGARISCHE HOCHZEIT

KOMMEN, UM ZU BLEIBEN

Das PCK schloss 1975 ein Abkommen mit Ungarn darüber, dass Fachleute drei Jahre lang in der Raffinerie mitarbeiten und lernen konnten. In der Unterabteilung der Konsumgüterproduktion lernte **Ursula Patz** den Lackierer **Janosch Sziliczai** kennen. Weil Dinge des täglichen Bedarfs in der DDR knapp waren, hatte jeder größere Betrieb die Aufgabe, Konsumgüter herzustellen – im Falle des PCK die quietschbunten „Purmöbel", aus Plastik gegossen, abwasch- und stapelbar. Während der Ölkrise Anfang der 1980er stieg das Werk auf Schuhcreme um. Selbst die Dosen stellten die Arbeiter her, an einer alten Stanze aus Westdeutschland, die Ursula Patz und ihre Kolleginnen nur die „Höllenmaschine" nannten.

Dieses Katalogbild fängt nicht die grellen Farben der Purmöbel ein.

„Dolmetscher kamen nur zu offiziellen Anlässen vorbei. Wir haben also den Produktionsablauf mit Händen und Füßen erklärt und viel gelacht dabei." Ursula Patz war von klein auf fasziniert von Ungarn, wie sie es aus der Operette „Der Zigeunerbaron" kannte. Sie und Janosch brachten sich gegenseitig die Sprache des anderen bei. 1977 wurde den beiden ein Sohn geboren, 1978 heirateten sie „auf den letzten Drücker", bevor der Mann wieder in seine Heimat hätte zurückgehen müssen. „Es sind einige Arbeiter hier geblieben", sagt Ursula Patz. „Wir haben immer gute Beziehungen zu den Ländern entlang der Erdölleitung gepflegt."

THEATER IM MILITÄRKNAST

SCHWEDTS BERÜCHTIGTES GEFÄNGNIS

Es gab allerdings auch Arbeitskräfte, die alles andere als freiwillig nach Schwedt kamen. Ab Juni 1968 war Schwedt Standort des einzigen Militärgefängnisses der DDR – nicht zuletzt auch deshalb, weil die Insassen den Aufbau des Industriestandorts unterstützen sollten. Bis 1982 saßen Militärangehörige im Strafvollzug, die wegen Diebstahl, Körperverletzung, Staatsverleumdung, Befehlsverweigerung oder Fahnenflucht zu bis zu zwei Jahren Haft verurteilt worden waren. Danach kam eine Disziplinareinheit der Nationalen Volksarmee hinzu. „Ab nach Schwedt!" galt in der NVA als Drohung.

Eines der wenigen Bilder aus dem Militärgefängnis: Unterkünfte im „Verwahrbereich".

Die Ereignisse im Gefängnis werden erst in jüngster Zeit aufgearbeitet. Die Frage hier ist: Wie viel bekamen die Schwedter vom Knast mit? Nicht viel, sagen die meisten. Wer morgens mit dem Fahrrad zum PCK fuhr, konnte im Wald den Wachturm erkennen. Doch manche wussten bis nach der Wende nicht, wo genau sich das Gefängnis befand.
1973 behandelte die damalige Lehrerin **Eva Schuster** an der Heinrich-Heine-Schule den aktuellen Putsch in Chile. Die Kinder verarbeiteten das Ergebnis in einem Theaterstück. Nach einer erfolgreichen Vorführung vor dem Kollegium meldete auch der Partnerbetrieb der Schule Interesse an – das Militärgefängnis. In einem Lkw-Pritschenwagen wurden Eva Schuster und ihre Schüler abgeholt. Ohne nach draußen sehen zu können, fuhren sie eine gefühlte Ewigkeit, bis der Wagen hinter einem großen Tor im Wald stoppte. „Was ich da gesehen habe, hat mich sehr erschüttert", sagt Eva Schuster. „Es gab zwei Stacheldrahtzäune in einem Abstand von vielleicht zwei Metern, dazwischen liefen Hunde an langen Leinen." Dahinter konnte sie die Baracken der Häftlinge erkennen. Die bekamen die Schüler jedoch nicht zu Gesicht: Die Aufführung war für die Wächter gedacht, komplett mit Kaffee und Kuchen. Erst 1990 habe sie begriffen, wie nah an der Stadt das Gefängnis war, sagt Eva Schuster. Der Fahrer war offenbar mit Absicht einen Umweg gefahren, um die Besucher zu verwirren.

GROSSE SCHAUFENSTER, WENIG INHALT

DAS MODERNSTE WARENHAUS DES BEZIRKS

Das CENTRUM-Warenhaus war ein Grund, warum Schwedt auf Neuankömmlinge wie eine Großstadt wirkte: Sonst waren diese Töchterbetriebe der DDR-Handelsorganisation mit ihrer charakteristischen Metallfassade nur in Ober- oder Mittelzentren zu finden, doch es gehörte ebenfalls zu dem Konzept, Arbeiter nach Schwedt zu locken. Eröffnet wurde es am 15. September 1972, doch es sei ein Kampf gewesen, diesen Termin einzuhalten, verrät der frühere Erste Kreissekretär **Werner Krause**.

Die Rolltreppen für das zweistöckige Gebäude sollten nämlich nach Hoyerswerda geliefert werden, wo ebenfalls gerade ein CENTRUM-Warenhaus gebaut wurde. Doch Schwedt hatte bei rund 40 000 Einwohnern viel zu wenige Geschäfte. Ein Schuhgeschäft in der Leninallee und ein Bekleidungsgeschäft im Julian-Marchlewski-Ring waren zum Beispiel noch in Baracken untergebracht. Diese Begründung überzeugte schließlich die Parteispitze – und Hoyerswerda musste noch warten.

Seit 1972 in der Leninallee: An der Metallfassade waren die CENTRUM-Warenhäuser in der ganzen DDR zu erkennen.

BABYBOOM

20 KINDERWAGEN VORM KAUFHAUS

In Schwedts Rekordjahr 1964 wanderten nicht nur die meisten Leute zu, es wurden auch die meisten Babys geboren: 712. Die Jahre darauf waren kaum weniger fruchtbar, im wahrsten Sinne des Wortes. Allein am Heiligabend 1971 gab es sieben Entbindungen in der Klinik. **Doktor Dieminger** und die Hebammen kamen erst nach Mitternacht nach Hause.

Kindergartengruppe 1975 vor einem Kiosk am Platz der Befreiung.

Die Zeitung „Neuer Tag" führte 1965 den Kinderreichtum scherzhaft zurück auf die Bronzeplastik „Liebespaar" von Bildhauer Axel Schulz, die vor der Gaststätte „Centra" aufgestellt wurde und die jungen Paare wohl inspiriert habe. 1966 lag das Durchschnittsalter der Bevölkerung bei 26,5 Jahren. Damit war Schwedt die jüngste Stadt der DDR – und die nachwuchsfreudigste.

WACHSENDE BEVÖLKERUNG UND KAUFKRAFT

Die Zunahme der Schwedter Bevölkerung (viele kamen nach Schwedt, um hier in den Fabriken zu arbeiten und relativ viel Geld zu verdienen) und deren Kaufkraft bewirkte erhöhte Nachfrage im Handel der Stadt. Also kam die Führung der SED zur Erkenntnis, den Bürgern auch ein entsprechendes Warenangebot präsentieren zu müssen. So wurde 1964 die Kaufhalle am „Centra" eröffnet. Damit einher gingen allerdings die Schließungen von Geschäften in der Altstadt, hauptsächlich in der Vierradener Straße und der Ernst-Thälmann-Straße. Die Bewohner der Altstadt waren darüber nicht sehr erfreut, denn ihre Einkaufwege wurden dadurch länger. Bis dahin befanden sich dort auch viele private Handwerksbetriebe, Einrichtungen der Handelsorganisation (HO) und der Konsumgenossenschaft.

Solange noch nicht genug Kindergärten gebaut waren, richtete die Stadt Provisorien ein: In Wohnungen, die eigentlich für Privatpersonen gedacht waren, betreuten Erzieherinnen bis zu zwölf Kinder. Selbst das katholische Kinderheim wurde mit hinzugezogen, trotz des Misstrauens der DDR-Spitze gegenüber den Kirchen. Sommerpause gab es in den Schwedter Kindereinrichtungen nicht. Teils waren sie rund um die Uhr geöffnet, weil viele Eltern in Schichten arbeiteten. Wenn die Kleinen abends eingeschlafen waren, trafen sich die jungen Paare, die sich eine Unterkunft teilten oder später eine Hausgemeinschaft bildeten, in der Küche zum Plausch. Viele von ihnen sind bis heute befreundet. „Wir waren alle etwa gleich alt, haben alle etwa gleichzeitig Kinder bekommen", erinnert sich **Karin Mählig**.

PCK-Fahrer **Klaus Grodon** saß mit seinen Kollegen vom Fuhrpark gern auf den Bänken vor dem „Kompaktbau" am Platz der Befreiung und beob-

Jüngste Stadt der DDR: Kinder und Eltern spielten am Springbrunnen in der Leninallee.

achtete die Menschenmassen, die vorbeiströmten. „Hunderte waren da unterwegs. Das war schöner als Kino, wir sind vor Lachen fast von den Bänken geflogen."

Werner Risse, der mit seiner Frau im CENTRUM-Warenhaus (1972 eröffnet) für die Schaufenstergestaltung zuständig war, erinnert sich gut daran, wie auf der anderen Seite der Scheibe rund 20 Kinderwagen aufgereiht waren. Die Eltern ließen sie während des Einkaufs einfach auf dem Bürgersteig stehen.

Menschenmassen vor dem Centrum-Warenhaus 1973.

Eltern ließen die Kinderwagen mitunter mit ihren Babys beim Einkauf vor dem Warenhaus stehen.

Fing ein Baby an zu schreien und so zu zappeln, dass der Wagen gegen das Schaufenster „rumste", ging das Ehepaar nach draußen und schaukelte es ein bisschen, bis es wieder eingeschlafen war.

GESCHÄFTE IN SCHWEDT

In Schwedt sah es zunächst mau aus mit der täglichen Versorgung der ständig wachsenden Bevölkerung. Manche Schwedter fuhren mitunter nach Angermünde, nicht nur zum Konditor, sondern auch, um dort gut einzukaufen. Ein Zeitgenosse: „Wir sind nach Angermünde gefahren, weil da mehr Geschäfte waren. Textilien zum Beispiel konnte man in Angermünde viel besser kaufen. In Schwedt war ja nur das CENTRUM-Warenhaus, und wenn's in dem nichts gab, dann brauchte man in Schwedt nirgendwo mehr zu gucken ..." Oder: „Für uns war das ja ein besonderes Erlebnis, in der Stadt spazieren zu gehen, wo eine Einkaufsstraße war, weil wir das in Schwedt nicht kannten."

Zur Eröffnung des neuen Ladens im Kompaktbau sorgte die Handelsorganisation für volle Schaufenster.

Anlässlich der Arbeiterfestspiele 1988 erfolgte die Rekonstruktion der Vierradener Straße. Es entstand eine Fußgängerzone: Springbrunnen, Sitzbänke, neue Geschäfte wie ein Gewürzladen, der Miederwarenladen „Form und Figur" und eine Kunstgalerie ergänzten die Läden, die dort schon vorher ansässig gewesen waren: Blumenverkauf, „Philatelie und Souvenirs" und der Kurzwarenladen „Nähkästchen". Auch verschiedene Gastronomie gehörte dazu. Es gab die Bäckerei von Irmgard und Hans Vorpahl (seit 1947) und die ebenfalls traditionsreiche Bäckerei von Gerhard Hein, wo einige Schwedter ihr Brot und ihre Frühstücksbrötchen kauften. Zum Bummeln allerdings lud das bescheidene Angebot an Geschäften in der Innenstadt weniger ein.

1981 gab es in der Stadt 28 private Handwerksbetriebe. Darunter waren: ein Uhrmacher, ein Rundfunk- und Fernsehtechniker, ein Goldschmied, ein Plakat- und Schriftenmaler, eine Druckerei, ein Klavierstimmer, ein Schneider, ein Nähmaschinenreparateur und zwei Autolackierer.

Das änderte natürlich alles nichts daran, dass immer wieder, wie überall in der DDR, irgendetwas fehlte: Mal waren es Kinderschuhe, dann die Vielfalt an Obst und Gemüse oder frische Eier. Frauen kritisierten die mangelnde Versorgung mit Kinder- und modischer Frauenkleidung. So könnte man die Reihe fortführen. Es fehlten: Frotteehandtücher, Geschirrtücher, füllfertige Kopfkissen, Uhren, hochwertige Kameras, Fotozubehör ...

Andererseits berichtet ein Zeitzeuge, dass er im CENTRUM-Warenhaus eine Schrankwand für 9000 Mark bekommen hatte, die er woanders niemals bekommen hätte. Und auch der in der Leninallee gelegene Modesalon „Exqusit" war durchaus geeignet, höheren Ansprüchen zu genügen.

Menschen drängten sich an der Bushaltestelle gegenüber des CENTRUM-Warenhauses.

Ein neues Kaufhaus mit 5200 Quadratmetern Verkaufsfläche hieß aber noch längst nicht, dass die Versorgungslage endgültig gesichert war. „Weil wir nicht viele Waren hatten, mussten wir uns was einfallen lassen, damit die Schaufenster voll aussahen", sagt **Werner Risse**. Das verlangte bei 150 Metern Schaufensterfront einiges an Kreativität. Das Ehepaar Risse bastelte zum Beispiel ganze Papierwälder und Märchenszenen, die dann die Schaufenster auffüllten.

Ein Besuchermagnet war das Kaufhaus natürlich trotzdem, nicht zuletzt wegen seiner gastronomischen Einrichtung im Obergeschoss und seiner Moccabar.

KLEID AUF BEZUGSSCHEIN

ZWEI MONATE LANG JUGENDWEIHE-FEIERN

Vor jeder Jugendweihe bekamen die 14-Jährigen in der Schule einen Bezugsschein, mit dem sie und ihre Eltern eine Stunde vor der gewöhnlichen Öffnungszeit ins CENTRUM-Warenhaus durften, um sich für die große Feier einzukleiden. Ein Jahr lang hatten sich die Klassen in monatlichen Jugendstunden auf das Ritual und das Erwachsenwerden vorbereitet. Diese nicht-konfessionelle Alternative zur Konfirmation bzw. Firmung gibt es schon seit Mitte des 19. Jahrhunderts. Die SED führte sie 1958 in der ganzen DDR ein, um die Jugendlichen ideologisch zu schulen. „Es gab Diskussionsrunden, man hat Betriebe besucht", erzählt **Eva Schuster**. „Wir haben auch mal eine Runde mit Schauspielern des Theaters organisiert, die über Kunst und Kultur berichtet haben." Statt einer Bibel gab es zur Jugendweihe den Allgemeinwissen-Sammelband „Weltall Erde Mensch". Den Jugendlichen aber ging es vor allem um den Tanzball, die schönen Kleider und das Gefühl, ernst genommen zu werden.

Jugendweihe-Feier 1981 im großen Kulturhaus.

Kulturhaus „Neue Zeit".

Mit dem Bezugsschein standen die Jugendweihe-Kandidaten frühmorgens eine Stunde lang rund ums CENTRUM-Warenhaus Schlange, um zum Hintereingang reinzukommen. Der Abteilungsleiter geleitete sie persönlich in die Abteilung für Jugendmoden. Das Sortiment war begrenzt – am Ende gab es jedes Kleid mehrmals auf der Bühne. „Bis wir endlich drankamen, war die Auswahl so ausgedünnt, dass wir auch nichts Passendes mehr gefunden haben. Am Ende habe ich mich hingesetzt und genäht", so Eva Schuster.
Zwölf polytechnische Oberschulen gab es in Schwedt, in jeder drei bis vier Klassen eines Jahrganges, in jeder Klasse etwa 30 Schüler – das musste erst mal organisiert werden. Von März bis Anfang Mai fanden an jedem Wochenende Jugendweihen im Kulturhaus „Neue Zeit" statt.

Wenn die Schwedter allerdings von ihrem „Kulturhaus" sprechen, dann meinen sie meist die „Uckermärkischen Bühnen". Das Haus war in den 70er- und 80er-Jahren das Kreiskulturhaus. Es gab allerdings auch die Kulturhäuser „Neue Zeit", „Artur Becker", das Kulturhaus der Papierfabrik und das der Bauarbeiter.

SCHWEDTS KULTURSTÄTTEN

VON BARACKE BIS KIRCHE

Das erste Kino gab es schon 1957 in einer Halle der Maschinen-Traktoren-Station (MTS). Im Bildungszentrum „Kosmonaut" fanden unter anderem in einer modernen Küche Kochkurse statt. Der Klub „Bertolt Brecht" organisierte Bilderausstellungen – 1965 waren Werke des Dresdners Erich Hering zu sehen – und wuchs bis 1984 auf 687 Mitglieder an. 1964 wurde eine aus Eisenhüttenstadt gelieferte Baracke am Markt aufgestellt, die sogenannte „Holzoper": Hier gab es neben Boxkämpfen auch Kino, Konzerte und Theateraufführungen. Nur zu spät kommen durfte man nicht, erinnert sich **Peter Schauer**: „Die hinteren Plätze waren gefühlt tiefer als die vorderen, man hat nur Hinterköpfe gesehen."

1977 musste der „Schuppen", wie das Haus auch genannt

Die ehemalige französisch-reformierte Kirche, hier 1964, wurde renoviert und ab 1984 als Konzertsaal „Berlischky-Pavillon" genutzt.

wurde, wegen Einsturzgefahr abgerissen werden. Der Berlischky-Pavillon, eine ehemalige französisch-reformierte Kirche aus dem Jahr 1777, diente seit seiner Renovierung 1984 als Konzertsaal.

KULTURHAUS „ARTUR BECKER"

PROGRAMM FÜR DAS ARBEITER-WOHNLAGER

Lange Zeit war das Kulturhaus des Erdölverarbeitungswerks das kulturelle Zentrum Schwedts. Eröffnet wurde es im August 1960 unter dem Namen „Artur Becker", die Leitung übernahm **Inge Springer**. Ab 1962 arbeitete **Karin Patzschke** erst halbtags, später Vollzeit in der Organisation mit. Jede Woche lief sie durch das Wohnlager der Arbeiter, um die Programmzettel zu verteilen: Diavorträge über Reisen, Kino mit John-Wayne-Western und „Casablanca". „Wenn da Tanzveranstaltungen waren, sowas hatte Schwedt noch nicht gesehen, so voll", schwärmt Karin Patzschke. „Allerdings gab es einen ordentlichen Männerüberschuss", sagt **Christel Guhl**: Zehn Mädchen konnten sich unter den vielen Arbeitern die schönsten raussuchen. Auch hat Karin Patzschke den Verdacht, dass einige Männer vor allem deshalb an den Zirkeln interessiert waren, weil sie dort Frauen kennenlernen konnten. Im Angebot waren unter anderem eine Rollschuhgruppe, die aber bald aufgelöst wurde, weil sie das Parkett ruinierte. **Peter Riedel** brachte allen Interessierten Zaubertricks bei. Das Arbeitertheater von **Gerhard Winterlich** gewann 1965 die Goldmedaille der Arbeiterfestspiele des Bezirks Frankfurt (Oder) für das Stück „Menschen in Bewährung", das die Probleme einer Brigade des EVW thematisiert. „Die dezenten Parodien auf die Chefs kamen gut an", meint Karin Patzschke. Geprobt wurde am Abend oder an den Wochenenden.

Ab 1972 hielt durch die Einwanderer sogar der Karneval im Norden Einzug: „Die Ölprinzen" der PCK-Belegschaft organisierten vor der Wende bis zu zehn Veranstaltungen pro „Session". Aus Berlin kam Kapellmeister **Adolf von Lünen**, der eine Blasmusikgruppe aufbaute. Weil er nicht immer pendeln wollte, hatte er sich im „Artur Becker" ein Zimmer einrichten lassen. Da konnte es passieren, dass man ihm morgens über den Weg lief, wenn er sich im Schlafanzug seinen ersten Kaffee kochte.

Spaßprogramm im Kulturhaus Artur Becker.

POLIZIST FÜRS WOHNLAGER

Zum Wohnlager gehörte die Gaststätte „Schwemme" oder „Bierschwemme" – wegen des Bieres, das in Strömen floss –, und dort konnte es manchmal heiß hergehen. „Doch wenn eine Schlägerei auszuufern drohte, griff **Herr Kultermann** ein", erinnert sich Karin Patzschke. Der Polizist war extra für das Wohnlager abgestellt. „Ein Riese! Der hat die Leute am Schlafittchen gepackt, einmal hin und her geschüttelt und Ruhe war!"

Weil es je nach Bestuhlung 250 bis 350 Plätze gab, veranstaltete das „Artur Becker" im Dezember über zwei Wochen hinweg jeden Tag Kinderweihnachtsfeiern, um alle unterzubringen. Dazu kamen Frauentagsfeiern, Seniorennachmittage und natürlich der Ökulei.

Abteilungen wetteiferten beim Ökulei um den Titel „Brigade der Sozialistischen Arbeit".

IMPROVISATIONSBALLETT ZUM ÖKULEI

Beim „Ökonomisch-kulturellen Leistungsvergleich" traten die einzelnen Abteilungen miteinander in Wettbewerb um den Titel „Brigade der Sozialistischen Arbeit". Dafür rechnete der VEB für jede Abteilung die Jahrespläne danach ab, ob alles stimmte, beurteilte die Brigadetagebücher unter den Gesichtspunkten, wer wie viele Auszeichnungen bekommen und was das Kollektiv gemeinsam unternommen hatte. Ein Auftritt beim Ökulei mit einem eigenen Kulturprogramm konnte die Brigade auch dem Geldpreis näher bringen.

Hauptbuchhalter **Karl Grödel** machte sich in einem Jahr einen besonderen Spaß und nahm im „Artur Becker", schon während der laufenden Veranstaltung, ein paar Männer zur Seite, von denen er wusste: „Mit denen kann ich's machen." Er führte sie hinter die Bühne, wo für jeden ein doppelter Cognac stand, und kommandierte: „Austrinken, sonst versteht ihr das nicht." Und dann: „Ausziehen!"

Karl Grödel steckte die Herren in Tutus – er selbst trug Anzug und Zylinder wie ein Zirkusdirektor – und

Karl Grödel (mit Hut) ließ seine Männer ein Ballett aufführen.

machte ihnen die Schritte vor, die er zu Hause mit seiner Frau geübt hatte: Schwanensee. Trotz – oder wegen – der kurzfristigen Improvisation gab es einen Bombenbeifall. Eine Frau sagte später zu ihrem Mann, als er an den Tisch zurückkehrte: „Mensch, Werner, wo warst du denn? Da war gerade das Beste und du bist nicht da." Er antwortete kleinlaut: „Ich war der Zweite von links." Die Perücke war so gut gewesen, dass nicht mal seine Frau ihn erkannt hatte.

EIN ZWEIFELHAFTER MUSIKGENUSS

Ein „gehobener Anlass" im Kulturhaus „Artur Becker" Anfang der 70er ist **Werner Krause** besonders in Erinnerung geblieben: Das Philharmonische Orchester des Kleist-Theaters Frankfurt (Oder) unter der Leitung von **Wolf Dieter Hauschild** gab die „Schwedter Impulse". Tatsächlich: Ein eher unbekannter, bulgarischer Komponist namens Baginski hatte sich von den Gegensätzen der Schwedter Naturlandschaft und den Aufbaujahren der Industrie zu einer modernen Symphonie inspirieren lassen. Und so ahmten die Instrumente das Brummen der Motoren nach, das Kreischen der Sägen, das schrille Klingeln des Metalls. „Das stellte höchste Anforderungen an die Musiker und an die Zuhörer", so Werner Krause. Dabei hatte der Abend so beschwingt mit Bachs Brandenburgischen Konzerten begonnen. Doch die Schwedter waren brave Patrioten und bedachten die Leistung des Orchesters mit anhaltendem Beifall – der auch ein wenig der Erleichterung geschuldet war, die Kakophonie überstanden zu haben, gibt Werner Krause rückblickend zu. Doch Hauschild interpretierte den Applaus anders und ließ die Musiker als Zugabe die kompletten „Schwedter Impulse" noch einmal spielen – mit einem geradezu „satanischen Ausdruck" im Gesicht.

ILLEGALE BAUGRUBE FÜRS KREISKULTURHAUS

Das Philharmonische Orchester aus Frankfurt spielte auch am 6. Oktober 1978 zur Eröffnung des neuen Kreiskulturhauses, allerdings die sehr viel eingängigere 9. Symphonie von Beethoven. Der große Saal des Kulturhauses bot Platz für 798 Stühle, außerdem beherbergte es Räume für volkskünstlerische Zirkel. Über vier Jahre hatte der Bau gedauert und 26,3 Millionen Mark gekostet.

Blitzender Boden, blitzende Lampen – die Gäste waren bei der Eröffnung des Kulturhauses beeindruckt vom Hauptfoyer.

Dabei bestand sogar die Gefahr, dass Schwedt noch länger auf sein Kreiskulturhaus hätte warten müssen. Die Idee für den Bau sei von Oberbürgermeister **Dieter Hahn** gekommen, sagt **Werner Krause**. „Der sprüht vor Ideen und hat alles für seine Stadt getan." Der Kreissekretär und der OB arbeiteten gut zusammen. Das ging so weit, dass die Bezirksleitung nach einer kritischen Rede Krauses meinte: „In der Rede höre ich den Hahn krähen."

1973 gab es schon den Parteibeschluss zum Kulturhaus – doch dann beschloss das Zentralkomitee der SED, dass der „Palast der Republik" in Berlin Vorrang vor allem anderen habe. Doch das Bau- und Montagekombinat (BMK) Ost signalisierte, dass es für Erdarbeiten noch Kapazitäten gäbe. „Also haben wir illegal die Baugrube ausgehoben", erzählt Werner Krause. Das gab eine Parteistrafe für ihn, Dieter Hahn und den BMK-Direktor. „Ach, überall wurde illegal gebaut. Die Grube war da und man konnte nicht mehr dran rütteln."

Der erste Bezirkssekretär, **Hans-Joachim Hertwig**, kam trotzdem am 15. März 1974 zur Grundsteinlegung. Im Mai ragte schon der 30 Meter hohe Bühnenturm empor, genau an der Stelle, wo einst das Schloss stand. Der Rest brauchte jedoch länger.

Brandschutz als Kunst – der Eiserne Vorhang von Axel Schulz.

Wolfgang Bandelmann, der 1977 als Schlosser auf der Baustelle anfing, erinnert sich noch gut daran, dass er in allen Ecken des Gebäudes kleine Stuckteile kontrollieren musste: Sie sollten anzeigen, ob der „Eiserne Vorhang" nicht die Stabilität des ganzen Gebäudes gefährdete. Gemeint war die tonnenschwere Brandschutzwand im großen Saal, die von **Axel Schulz** gestaltet wurde. 21 Meter breit und acht Meter hoch ist die beeindruckende Kupfertreibarbeit – nur ist sie selten zu sehen, denn gebrannt hat es in dem Theater bislang noch nie.

ZWEI KULTURBETRIEBE UNTER EINEM DACH

Im Dezember 1981 trafen sich im Kulturhaus 150 Volkskollektive. **Heike Müller**, Mitarbeiterin im Kulturbeirat der Stadt, kann kaum alle aufzählen. Es gab Zirkel für Malerei, Bildhauerei, Fotografie, Chor, Keramik, Textilarbeiten, Kabarett, sogar einen Hobbyautorenkurs für

„schreibende Arbeiter". Doch die Schwedter machten nicht nur selbst Kultur, sie organisierten auch Fahrten in die Dresdner Semperoper, in den Berliner Friedrichstadtpalast, die Staatsoper, das Kabarett „Die Distel", ins Leipziger Gewandhaus.
Gleichzeitig entstand unter dem Dach des Kulturhauses ein Theaterbetrieb. Zur Eröffnung spielte das Theater der Stadt Prenzlau am 7. Oktober 1978 „Was ihr wollt" von Shakespeare – und in den kommenden Wochen wurden Ensemble und Fundus umgesiedelt, um am 1. Januar 1979 als „Theater der Stadt Schwedt" zu beginnen. Die Werkstatt der Bühnenbildner blieb noch in Prenzlau, bis am 2. April 1980 in Schwedt das Funktionsgebäude fertig war. Das beherbergte außerdem das „Intime Theater" für kleinere Produktionen.

Das Kulturhaus bot auch den Laiengruppen eine große Bühne, hier dem Chor Criewen.

Inge Wunderlich, die bislang in der PCK-Lohnbuchhaltung gesessen hatte, nutzte die Chance und bewarb sich als Gewandschneiderin. Das bedeutete, dass sie mit dem Bus nach Prenzlau fuhr, um beim Kistenpacken zu helfen. „Das war ein ganz schlimmer Winter, der Bus kam kaum aus Schwedt raus, rechts und links hat man am Straßenrand nur Schneewände gesehen." Mit einer Nähmaschine auf dem Schoß ging es wieder zurück in die Oderstadt.

AUS DEM ALLTAG DER KOSTÜMSCHNEIDERINNEN

Inge Wunderlich hat ein Album angelegt, in dem sich über die Jahrzehnte hinweg viele Schauspieler und Direktoren mit Fotos und Autogrammen verewigten, aber auch mit persönlichen Grüßen und Danksagungen an die „Brigade Stich und Nadelöhr", wie **Fred Stacklies** sie scherzhaft taufte. Leiterin der Kostümabteilung war **Anneliese Frensel**, Frau des Intendanten **Helmut Frensel**. Die erste Herausforderung für das junge Team war die Inszenierung von „Nathan der Weise", noch mit dem gebrauchten Fundus aus Prenzlau. Waschmaschinen für die Kostüme hatten die Frauen zwar, aber keinen Trockner – deshalb hängten sie die Kleider tagsüber zwischen Kulturhaus und Intimem Theater in die Bäume.

Besonders lebhaft steht Inge Wunderlich ein Ein-Frau-Stück mit **Nuri Feldmann** von 1986 vor Augen: Die Kostümschneiderinnen waren nämlich gleichzeitig dafür zuständig, den Schauspielern abends hinter der Bühne beim Umziehen zu helfen.

Bei einem halben Dutzend verschiedener Kostüme konnte es dann doch mal passieren, dass eine Stickerei plötzlich hinten saß statt vorne. Oder, wie Nuri Feldmann ins Album schrieb: „Auch wenn du oft meinen Ellenbogen im Auge, mein Knie im Bauch oder gar meinen Allerwertesten auf deinem Kopf hattest, behältst du mich hoffentlich trotzdem in guter Erinnerung."

1986: Erinnerungsautogramm von Nuri Feldmann in Inge Wunderlichs Fotoalbum.

KINDERHEIM FÜR DEN GANZEN BEZIRK

MITTAGESSEN IN SCHICHTEN

Für die Jugendlichen im Schwedter Kinderheim kam zur Jugendweihe ein weiteres Ritual dazu: Sie durften am Sportplatz ihren eigenen Baum pflanzen. Das Heim „W. I. Lenin", das am 28. September 1981 in Schwedt eröffnete, bot weitere Arbeitsplätze für die Frauen der zugezogenen Chemiearbeiter.

Der Direktor war **Reinhard Schmidt**. Zunächst auf 167 Plätze ausgerichtet, wurde es später erweitert und nahm bis zu 245 Kinder aus dem ganzen Bezirk Frankfurt (Oder) auf. „Ausgebildete Heimerzieher gab es wenige", sagt **Sigrid Jordan-Nimsch**. „Also mussten sich die Lehrerinnen und Kindergärtnerinnen, die sich bewarben, erst einmal qualifizieren." Dafür gab es eine Fachschule in Sachsen. Mit Gärtnern, Hausmeistern, Wäscherei- und

Jugendliche aus dem Schwedter Kinderheim pflanzten zur Jugendweihe einen eigenen Baum.

Direktor Reinhard Schmidt begrüßte drei Geschwister. An der Wand hängt ein Bild vom Namenspatron des Heims, Lenin.

Lagerarbeitern, Krankenschwestern und Raumpflegern für vier Häuser gab es mehr technisches Personal als pädagogisches.

ANFANGS JUNGEN UND MÄDCHEN GETRENNT

Sigrid Jordan-Nimsch ist heute Regionalleiterin des Evangelischen Jugend- und Fürsorgewerks (EJF), das im Juni 1991 das Kinderheim übernahm und zum Diakonisch-Sozialpädagogischen Zentrum „Am Talsand" weiterentwickelte. Mittlerweile hat dort auch das Seniorenpflegeheim „Haus Harmonie" seinen Sitz. Der ganze Komplex der Elternarbeit, der heute dem EJF so wichtig ist, habe zu DDR-Zeiten weniger eine Rolle gespielt, erinnert sich Sigrid Jordan-Nimsch. „Viele Kinder waren gegen den Willen der Eltern bei uns. Einmal im Monat gab es ein Besuchswochenende und Beurlaubung an Feiertagen."
Ansonsten verbrachten die Kinder im Alter zwischen drei und 18 Jahren ihre Zeit im Heim, wenn sie nicht in der Schule, im Kindergarten oder am Ausbildungsplatz waren. „Das war ein absolutes Novum in unserem Haus, dass wir diese große Altersspanne hatten", erklärt Sigrid Jordan-Nimsch. Am Anfang wurden ab der 5. Klasse Jungs und Mädchen getrennt untergebracht, doch Ende der 1980er gab die Leitung

Gemeinsame Mahlzeit im Speisesaal.

das Konzept auf: „Die Jugendlichen gehen rücksichtsvoller miteinander um, wenn sie gemischt sind, außerdem gab es viele Geschwisterpaare." Frühstück und Abendessen fanden in den Gruppenräumen statt, zum Mittagessen ging es in den Speisesaal. Der war allerdings so klein, dass die Kinder in zwei Schichten essen gingen.

„Am Anfang sahen Tapeten und Einrichtungen in allen Häusern so gleich aus, dass ich mich öfter verlaufen habe", sagt Sigrid Jordan-Nimsch. Dann fingen die Gruppen an, ihre Bereiche selbst zu gestalten mit Bildern und Pflanzen. Partnerbetrieb war das PCK, das die Jugendlichen mitunter in den Betrieb einlud. Bei der LPG durften sie reiten, es gab eine Fotowerkstatt, Handwerken, Faschingsfeiern, historische Modeschauen und eine Modelleisenbahnanlage.

SCHICHTUNTERRICHT UND PARTNERBRIGADE

SCHÜLER UND LEHRER ZIEHEN RÜBEN

Weil die Stadt nicht nachkam mit dem Bauen neuer Gebäude, mussten anfangs sogar in den Schulen die Massen an Kindern in Schichten unterrichtet werden – die einen vormittags, die anderen nachmittags. Später hatte jeder der acht Wohnkomplexe (WK), in die Schwedt unterteilt wurde, mehrere Kinderkombinationen (Krippe und Kindergarten) und meist mehrere Polytechnische Oberschulen (POS). Lehrer gab es genug, auch wenn es manchmal an Vertretungen für Chemie und Physik fehlte, wie sich **Edith Gelhaar** erinnert.

Die neu gebauten Dreiklang-Schulen.

Sie trat in die Fußstapfen ihres Mentors Otto Borriss und war von 1974 bis 1990 Direktorin der Oberschule „Käte Duncker", die bis heute unter dem Namen „Dreiklang Oberschule" besteht. „Lehrer zu sein, war eine echte Berufung", sagt sie. Lehrer und Schüler verbrachten viel mehr Zeit miteinander als nur den Unterricht. In den Ferien organisierten sie Ferienspiele, von Brettspielen über Schnitzeljagd bis hin zu Ausflügen. „Die Kinder erlebten ihren Lehrer als jemanden, mit dem man Spaß haben kann, das war etwas ganz anderes", sagt **Eva Schuster**.

Schüler halfen, die Hochbeete in der Leninallee zu pflegen.

Das Geld für Ausflüge verdienten sich die Klassen selbst. Sie halfen den Landwirten in den umliegenden Dörfern, zum Beispiel beim Rübenziehen oder bei der Gurkenernte im Oderbruch. „Ernteschlacht" nannten sie das. Als Eva Schuster beim ersten Mal ihren Schülern helfen wollte, wurde sie von der Bäuerin aufgeklärt: „Das ist nicht deine Arbeit!" Die Lehrer sollten nur aufpassen.

Jede Schule hatte einen Partnerbetrieb, die POS „Käte Duncker" beispielsweise die Papierfabrik. Einmal in der Woche besuchten Schüler ihre „Partnerbrigade" und arbeiteten in der Fabrik mit. Dafür durften sie in den Ferien im firmeneigenen Feriendorf in Zichow wohnen und wandern. „Wir haben Delegationen aus Frankreich und Westdeutschland empfangen, die ganz neidisch waren auf unsere engagierten Kollegen", sagt Edith Gelhaar.

LEHRERTREFF „CENTRA-BAR"

Und wer hart arbeitete, durfte auch mal feiern: Die Lehrer trafen sich gern in der „Centra-Bar" hinter dem Berlischky-Pavillon. Die damalige Schulleiterin erzählt heute noch gern von dem Sängerwettstreit Männer

Die Mädchen des Abiturjahrgangs 1959 spielen ihre Einschulung nach.

gegen Frauen, der schließlich von der Polizei aufgelöst wurde. Und **Ursula Dittberner** erinnert sich, dass sie gerne das Café des CENTRUM-Warenhauses besuchten: „Wir jungen Lehrer haben am Tresen gesessen, guten Weinbrand getrunken und kamen uns ganz toll und sündig vor."

Was Eva Schuster sehr störte und 1984 schließlich den Beruf wechseln ließ, waren die Vorgaben, wer Abitur machen durfte und wer nicht. Denn es zählte nicht allein der Notendurchschnitt. Wenn ein Kind aus Arbeiterkreisen kam, ein Junge war und eine militärische Karriere anstrebte, musste er einem Mädchen mit besseren Leistungen vorgezogen werden. „Wie erkläre ich das dem Mädchen? Ich durfte ja den Grund nicht nennen", sagt Eva Schuster. Edith Gelhaars Oberschule bekam nach Aussage der Direktorin von der SED-Spitze öfter Kritik zu hören, weil sie nicht genug militärischen Nachwuchs lieferte. „Wir haben keinen Schüler gedrängt."

JUNGE ARCHÄOLOGEN UND FLASCHENSAMMLER

FREIZEITANGEBOT DER PIONIERE

In den Aufgabenbereich von Klassenlehrern fiel es auch, die Pioniernachmittage zu organisieren. Mit Ausnahme einiger weniger Kinder aus kirchlichen Familien waren die meisten in der Jugendgruppe der Pioniere organisiert. Sie sollten lernen, wie der Sozialismus funktionierte. Sie wählten einen Gruppenrat. Alle vierzehn Tage gab es eine Pionier-Veranstaltung. Eine dieser „Pionierleiterinnen" war Ursula Dittberner. Sie begann ihr Berufsleben 1976 mit über 30 neuen Lehrern, Erzieherinnen und Kindergärtnerinnen in Schwedt. Die POS „Friedrich Schiller" war ihr neuer Arbeitsort. Das Gebäude war eines der ersten, das auf der frisch gerodeten Fläche nahe des Waldrandes stand.

Sie konnte in den nächsten fünf Jahren den Wohnblöcken ringsum beim Wachsen zusehen. Ihre allererste Stunde war die „Weltfriedenstagstunde" am 1. September. Die Direktorin saß mit in der Klasse und unterstützte die Lehrer-Anfängerin. Statt die Kinder erst einmal richtig kennenlernen zu können, musste Ursula Dittberner ihnen erzählen, dass in der sozialistischen Heimat Frieden herrschte. Manche Themen der Pionierstunden wurden direkt von

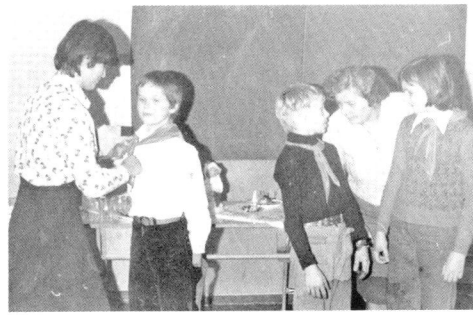

Das Halstuch musste bei den jungen Pionieren sitzen.

der Pionierorganisation vorgegeben. „Ich empfand das als Bevormundung", sagt Ursula Dittberner. Doch wie ihre Kollegen auch, dachte sie sich schöne eigene Projekte aus, zum Beispiel spielte sie mit den Kindern Handpuppentheater. Die Pioniere sammelten bei der Bevölkerung Papier, Flaschen und Lumpen ein und führten einen Wettbewerb darüber durch, wer am meisten gesammelt hatte.

Im Park Heinrichslust, 1778 für Markgraf Heinrich in einem Auenwäldchen angelegt, stand das Pionierhaus „Ernst Schneller". Dort trafen sich nach der Schule Kinder und Jugendliche in den verschiedensten Arbeitsgemeinschaften: Junge Journalisten, Archäologen, Biologen, Verkehrserziehung, Tanzgruppe, Kabarett, Chor. Auch der Internationale Kinderzeichenwettbewerb, an dem sich bis heute jährlich rund 2500 Kinder von Argentinien bis China beteiligen, war zeitweise hier angeschlossen.

Kinder der nachmittäglichen Kunst-AG verschönerten eine Bushaltestelle.

4500 KINDERZEICHNUNGEN AUS FÜNF LÄNDERN

DER INTERNATIONALE KINDERZEICHENWETTBEWERB

Die Idee für einen länderübergreifenden Kunstwettbewerb brachten **Dieter und Ingrid Didschuneit** aus ihrer Heimat Greifswald mit.

Doch statt der Länder entlang der Ostsee wollten sie, passend für Schwedt, die entlang der Erdölpipeline einladen: Russland, Ungarn, Tschechien, Polen und die DDR. Im Wohnzimmer der Didschuneits in der Robert-Koch-Straße 11 traf sich ohnehin jeden Sonnabend eine Kunst-AG. Interessierte Schüler malten auf selbstgebastelten Staffeleien. 1967 zeichneten sie die erste Ausschreibung per Hand, auf Deutsch und Russisch.

Bis ein Raum zur Verfügung stand, hielten Dieter und Ingrid Didschuneit ihren Malkurs im Wohnzimmer ab.

Die offizielle Genehmigung für den ersten Wettbewerb „Entlang der Erdölleitung Freundschaft" holte sich Ingrid Becker-Didschuneit beim Staatsempfang im Januar persönlich von **Walter Ulbricht**. Rund 2000 Arbeiten sendeten die Kinder aus fünf Ländern gleich beim ersten Mal ein, bis zu 4500 waren es zu den besten Zeiten. Später half das PCK beim Dolmetschen und Vervielfältigen der Einladungen. Bis auf die Preisträger wurden alle Bilder wieder an die jungen Künstler zurückgesandt. Die Gewinnerarbeiten gingen auf eine Wanderausstellung. Zwischen den Teilnehmern und der Kindergruppe, die den Wettbewerb mit aufbaute, entstanden richtige Brieffreundschaften. Sie schickten sich gegenseitig Fotos und Süßigkeiten.

Hunderte von Kinderzeichnungen aus den Ländern entlang der Erdölleitung wurden im Wettbewerb ausgestellt.

Eine Vorgabe für Motive gab es nicht, die Kinder sollten einfach etwas aus ihrem alltäglichen Leben erzählen. „Bildsprache können alle, auch wenn sie nicht die gleiche Sprache sprechen", sagt Ingrid Becker-Didschuneit. Der „Neue Tag" brachte am 10. April 1968 einen ersten großen Artikel über den Wettbewerb – nur leider druckte er das Bild verkehrt herum ab, dass die Schornsteine der dargestellten Fabrik nach unten zeigten. Nach der Wende wurde der Wettbewerb als „Internatioler Kinderzeichenwettbewerb" weitergeführt und ist seit 2013 an die Kunst- und Musikschule Schwedt angeschlossen. Rund 20 Länder beteiligen sich jedes Jahr.

DER MANN MIT DER BASKENMÜTZE

KÜNSTLER FRANZ NOLDE PRÄGT STADTBILD MIT

Wirtschaft und Kultur waren in der DDR keine Gegensätze: So wie Schwedt zur Industriestadt wuchs, wuchs auch die Kunstszene. Und das nicht nur für Kinder und Hobbymaler. Fast jeder größere Betrieb stellte einen Stammkünstler an, im PCK fanden regelmäßig Ausstellungen statt. Besonders zwei Namen sind mit Schwedt untrennbar verknüpft: **Axel Schulz** (1937–2012) und **Franz Nolde** (1909–1981). Axel Schulz' Bronzeskulpturen prägen bis heute das Stadtbild, wie die Meerjungfrau mit Kind, der Neptun oder das Liebespaar.

Franz Nolde kam 1963 nach Schwedt, im April 1964 gründete er einen Zeichenzirkel, der bis heute existiert. Treues Mitglied über mehr als 50 Jahre ist **Wolfgang Scheffler**. Der gebürtige Schwedter war bei der Gründung zwar erst elf Jahre alt, doch Franz Nolde war von seinem Talent so überzeugt, dass er ausnahmsweise ein Kind in den Zirkel aufnahm. Noldes Atelier war zunächst in der Allzweckhalle „Neue Zeit" untergebracht, hinter dem Fernsehraum, in dem die Kinder gerne saßen.

Wolfgang Scheffler hat den Maler als sehr väterlich in Erinnerung. „Er hat mir ein Blatt Papier und einen Pinsel hingelegt und gesagt: ‚Versuch's!'. Ohne Vorgaben." Freihandzeichnen war im Zirkel die wichtigste Übung, mitbringen mussten die Teilnehmer nichts außer ihrem Interesse. Die Materialien stellte der Trägerbetrieb PCK. **Petra Dressler**, die 1977 zu dem Zirkel stieß, zeigte Franz Nolde (der zu dem Zeitpunkt die Leitung bereits abgegeben hatte) stolz ein Bild, das sie nach einem Foto abgemalt hatte. „Den Zahn hat er mir erst mal gezogen: ‚Die Aufgabe eines Künstlers ist nicht, Realität abzubilden.'"

Maler Franz Nolde wollte mehr als nur Realität darstellen.

Ein Künstler sollte was zu sagen haben, war Noldes Credo. Für ihn war die DDR die Chance auf eine neue, bessere Welt, an der er mitarbeiten wollte. Deshalb saß er auch im Beirat Stadtgestaltung und beriet mit geschultem Auge, wie Schwedt inmitten der „Platten" schöner gestaltet werden könnte. „Immer charmant, immer freundlich, immer mit Baskenmütze", sagt Wolfgang Scheffler. 1969 erhielt Nolde den Vaterländischen Verdienstorden in Bronze. Als der Zirkel ins 1978 eröffnete Kulturhaus umzog, waren die Künstler nicht vorbehaltlos begeistert: Zwar waren hier Platz und Licht, aber es herrschte auch strenges Rauch- und Alkoholverbot.

BLAUER WÜRGER UND „ERICHS KRÖNUNG"

FLEISCH ALS „BÜCKWARE"

Ingrid Fenske erzählt: „Wir hatten manchmal kein Klopapier, aber Alkohol und Zigaretten gab es immer." Zumindest, wenn man nicht zu anspruchsvoll war und eine bestimmte Marke wollte. Die DDR-Planwirtschaft lag eben manchmal daneben, sodass Dinge des alltäglichen Lebens plötzlich knapp werden konnten: Seifenpulver, Bleistifte, Streichhölzer, Toilettenpapier. „Dann haben wir halt Zeitungspapier zerschnitten", erklärt **Karl Grödel**.

Das gute Bier, Radeberger zum Beispiel, war meist für den Export bestimmt. In der Kaufhalle standen die Kunden und drehten die Bierflaschen, um zu sehen, ob der Inhalt noch genießbar war oder die Hefe schon flockte. Immer im Regal war der Klare „Juwel", wegen seines blauen Etiketts und seines Geschmacks „Blauer Würger" genannt.

Im Kompaktbau am Platz der Befreiung eröffnete ein Delikat-Laden, doch eine gute Flasche Wein kostete dort 15 Mark, wofür man rund 17 Fünf-Kilo-Säcke Kartoffeln kaufen konnte.

Ende der 70er wurde in der ganzen DDR Kaffee knapp, und der „Kaffee-Mix", versetzt un-

Die leeren Einkaufswagen zeugen davon, dass die Kunden in der Kaufhalle „Freundschaft" nicht immer alles Nötige fanden.

ter anderem mit Erbsenmehl oder weißen Bohnen, bereitete manchem Schwedter Magenschmerzen. „Erichs Krönung" wurde er scherzhaft genannt. Südfrüchte waren immer knapp, Orangen gab es nur kurz vor Weihnachten auf Zuteilung, „... und die kamen aus Kuba und waren so trocken", erinnert sich Ingrid Fenske.

Dabei wurde Schwedt als wichtige Industriestadt sogar bevorzugt beliefert. **Inge Wunderlich** hatte einen Bekannten aus Leipzig, der regelmäßig Butter mit nach Hause nahm, und **Peter Schauer** tauschte in Thüringen Holzkohle gegen Bratwürste.

Denn selbst mit Voranmeldung war nicht gesagt, dass man in der Centra-Kaufhalle, eröffnet März 1963, Würste bekam. Fleisch galt oft als „Bückware", so rar, dass man am besten eine Verkäuferin zur Freundin hatte, die einem unter der Theke etwas zurücklegte.

Mädchen mit Eis vor der Kaufhalle in der Thomas-Mann-Straße.

WERTVOLLE BLUMEN

DIE ARBEITER-UND-BAUERN-INSPEKTION

Nur erwischen lassen durfte man sich nicht bei der Praxis der „Bückware". **Klaus Grodon** erlebte einmal einen Ansturm auf einen Blumenladen – natürlich zum Frauentag. Er stand mit zahlreichen anderen Herren in einer langen Schlange vor dem Geschäft. Eine Verkäuferin kam raus und begann abzuzählen, für wie viele Kunden die Sträuße noch reichten. Da trat ein Rentner vor und wies sich als ehrenamtlicher Volkskontrolleur der Arbeiter-und-Bauern-Inspektion aus. Im Laden zog er den Vorhang zum Hinterzimmer zur Seite und enthüllte mehr als ein Dutzend Blumensträuße, die die Damen für Verwandte zurückgestellt hatten. Der Kontrolleur blieb so lange im Geschäft, bis auch der letzte Blumenstrauß ordnungsgemäß über die Theke gegangen war. Und Klaus Grodon konnte seiner Frau doch noch ein Geschenk mitbringen.

„DIE WEISSKITTEL RENNEN WIEDER"

„Die Mangelwirtschaft hat aber auch die Solidarität gefördert", sagt **Eva Schuster**. Sie durfte für ihre Kinder gleich drei Cordhosen kaufen, obwohl nur eines eine neue brauchte – und gab die anderen beiden an Freunde und Nachbarn weiter. „Es war ein richtiges Erfolgserlebnis, wenn man was erwischt hatte", bestätigt **Eleonore Höpfner**. Das Motto lautete: Sich an jede Schlange anstellen und erst dann fragen, was es eigentlich gab. Weggeworfen wurde selten etwas, irgendwer konnte es immer brauchen.

Eleonore Höpfner arbeitete im PCK im Testlabor für Benzine, das direkt neben dem kleinen Konsum des Betriebs lag. Deshalb sahen sie immer als Erste, was gerade geliefert wurde, oder bekam sogar von den Verkäuferinnen einen Anruf mit „anonymem Tipp". In der Pause stürzten dann die Laborantinnen schnell los. „Die Weißkittel rennen wieder, da gibt es was!", hieß es dann in den Nachbarabteilungen, ergänzt **Christel Guhl**. „Also sind wir alle hinterhergerannt."

DER TRABI – DIE HEILIGE KUH

AUTO-SONDERLIEFERUNG FÜRS PCK

Das PCK brachte seinen Mitarbeitern noch andere Vorteile: 1968 bekam Schwedt ein Sonderkontingent an Trabants zugeteilt, für alle, die das Werk aufbauten. **Eckhard Bendig** erinnert sich daran, wie die Lieferung die ganze Vierradener Straße entlang geparkt stand. Er selbst hatte die Verteilung allerdings verpasst, weil er zum Reservistenlehrgang bei der Armee war. Also fuhr er nach Berlin zum Auslieferungslager und rührte sich nicht von der Stelle, bis er zumindest einen Skoda ausgehändigt bekam.

Verkaufsstelle des Industrieverbands Fahrzeugbau (ifa) in der Vierradener Straße (1973).

Die Firmenfahrzeuge waren etwas schicker: Als **Peter Schauer** Anfang der 70er nach Dresden fuhr, um Ingenieure direkt von der Uni abzuwerben, war er mit einem tschechischen Tatra unterwegs, einer Limousine. „Jeder Zweite in Schwedt fährt so ein Auto, haben wir einfach behauptet", erinnert er sich lachend. Privat fuhr er einen Trabi, den er von seinem Vater übernommen hatte. Beim ersten Mal hinterm Lenkrad war er sehr enttäuscht. „Der war hart wie ein Handwagen und hatte keine Gurte. Ich hab immer einen Zementsack im Kofferraum gehabt, damit er ein wenig federte." **Jürgen Polzehl** hatte stets einen Keilriemen und Ersatz für die Lichtanlage dabei. „Jeder von uns hat gelernt, fast alles selbst zu reparieren."

REIFEN GAB ES NUR AN EINEM BESTIMMTEN TAG

Die meisten Schwedter mussten, wie alle anderen DDR-Bürger auch, zwischen zehn und zwölf Jahre auf ihr Auto warten. „Das Auto war unsere heilige Kuh", sagt **Karin Bendig**. Oma, Opa, Schwiegereltern, jeder meldete sich für einen Bezugsschein an, ob er fahren konnte oder nicht. „In zehn Jahren wird geliefert? Aber nicht mittwochs, da kann ich nicht", zitiert Eckhard Bendig einen beliebten Scherz. Die Anmeldungen wurden untereinander getauscht, sogar verkauft, „das war Goldstaub".

„Das Gleiche galt übrigens auch für Anmeldungen für Kühlschränke, Wasch- und Nähmaschinen", sagt **Christel Guhl**.

War das Auto endlich da, gab es ein ganz anderes Problem, wie **Karin Patzschke** schildert: „Wir hatten alle die Fahrerlaubnis, aber keine Fahrpraxis." Sie hatte solche Angst, jemanden umzufahren, dass sie einen Arbeitskollegen bat, das Auto abzuholen. Das war ein Trabi Kombi – aber die Deckenbespannung fehlte. Die sei aus gewesen. Also mussten sie sich erst mal beim Sattler einen Himmel einziehen lassen. Die Tochter fuhr den Trabi sogar noch nach der Wende, als Karin Patzschke schon auf VW Golf umgestiegen war.

Auch Ersatzteile zu bekommen, war nicht leicht. Reifen gab es in einer Baracke in der Vierradener Straße nur an einem bestimmten Tag zu kaufen. **Klaus Grodon**, der zu dem Zeitpunkt auf Dienstreise gehen sollte, stand einen Tag früher im Geschäft. Aus „sicherer Quelle" wusste er, dass die Lieferung bereits da war – doch er bekam die Reifen erst nach einer Beschwerde bei der Kreisleitung.

PFERDEFUHRWERK STATT LIEFERWAGEN

Als am 1. Mai 1965 der erste „Pkw-Wasch- und Pflegesalon" in der Leninallee 27 eröffnete, hatten gerade mal 600 Schwedter ein Auto. Wer keines besaß, erledigte alle Besorgungen zu Fuß oder mit dem Fahrrad.

Die öffentliche Verkehrsanbindung war bis in die Dörfer hinein recht ordentlich, auch wenn es nicht leicht war, die Massen an Arbeitern zum PCK zu bringen. „Morgens standen wir im Bus wie die Orgelpfeifen", schildert **Karin Bendig**. „Da hieß es Luft anhalten und reinzwängen."

Weil es nicht genug Transporter gab, musste manchmal der Pferdewagen herhalten (1962).

Hartmut Knobbe und seine Klempnerkollegen von der AWG waren mit Mopeds unterwegs. In einem Hänger transportierten sie Werkzeugkasten, Gasflasche, auch mal das ein oder andere zu installierende Waschbecken. Wenn sie so über die steinigen Nebenstraßen polterten, konnte das auch mal schiefgehen. „Wenn man Pech hatte, ist der Hänger umgekippt und man konnte nur noch Scherben aufsammeln", sagt Hartmut Knobbe. Musste einmal etwas Größeres wie eine neue Badewanne transportiert werden, stellte die LPG ein Pferdefuhrwerk zur Verfügung.

NICHTS LOS AN DER ODER?

AUFBAU DES BREITENSPORTS

Wenn ein Alltag ohne Auto auch nicht jeden zum Spitzensportler machte, geschadet hat es sicher auch nicht. Schwedt entwickelte sich nicht nur zur Industrie-, sondern auch zur Sportstadt und konnte in den kommenden Jahrzehnten vor allem in den Bereichen Fußball, Handball, Volleyball, Rudern, Kanu, Bogenschießen, Schwimmen, Boxen, Gewichtheben und Fechten landesweite Erfolge feiern. International erfolgreich waren die Geräteturnerinnen **Kerstin Klotzek** und

Franka Voigt-Schmidt (WM-Bronze 1981), Ruderer **Hans Sennewald** (WM-Gold 1982, Silber 1987, Bronze 1986) und Ruderer **Frank Klawonn** (olympisches Gold 1988, WM-Gold 1986 und 1987).

Besonders in der Nachwuchsarbeit taten sich die Schwedter Betriebssportgemeinschaften (BSG) hervor – und die Aktiven setzten das nach der Wende fort. **Manfred Paschke** (1935–2012), der ab 1969 Übungsleiter im Trainingszentrum Turnen war, gilt als Entdecker von Philipp Boy. **Egon Leske** brachte Danilo Häußler die Grundlagen des Boxens bei, wie schon zuvor dessen Vater. Als Bezirkstrainer von Frankfurt (Oder) hatte Egon Leske sogar den späteren Halbschwergewichts-Weltmeister Henry Maske unter seinen Fittichen, an dessen Nehmerqualitäten er jedoch zweifelte: „Ob sich das für dich lohnt? Boxen kannst du zwar, aber wenn die harten Dinger geflogen kommen ..."

Trainingszentrum der Schwedter Ruderer.

UNEBENER SPORTPLATZ

1956 titelte die Zeitschrift „Deutsches Sportecho" noch: „Nichts los an der Oder". Von 6500 Einwohnern waren gerade mal 300 in Sportgemeinschaften organisiert. Die BSG Traktor (der Name verrät es: getragen von den landwirtschaftlichen Betrieben) hatte nur einen unebenen

Moto-Cross-Rennen in den Müllerbergen (1971).

Sportplatz zur Verfügung. Um für mehr sportliche Aktivitäten zu werben, kam im Juli 1963 die DDR-Fußballnationalmannschaft zu einem Freundschaftsspiel gegen eine Schwedter Auswahl an die Oder. Die Handballfrauen spielten gegen den TSC Berlin. Beide Ergebnisse sind nicht überliefert, aber dem Schwedter Breitensport gab es einen Schub.

Ab dem 1. November 1966 lieferten sich Zweiräder ein Rennen nach dem anderen in den Müllerbergen Richtung Blumenhagen auf der 1,5 Kilometer langen Moto-Cross-Strecke. 1984 gingen rund 12 000 Schwedter (und damit über 20 Prozent) 35 verschiedenen Sportarten nach, auf 13 Turnierplätzen und in 13 Hallen, organisiert in 22 Gemeinschaften. Die größte war die BSG Chemie PCK mit 3500 Mitgliedern, gefolgt von der BSG Aufbau (2000 Mitglieder) und der BSG Rotation (1200).

BOXEN IN DER „HOLZOPER"

Der Uckermärkische Boxverein (UBV) 1948 Schwedt (später eine Sektion der BSG Chemie PCK) ist heute einer der ältesten Boxvereine in Brandenburg – und war nach dem Krieg einer der ersten, die sich neu gründeten. Nur die Fußballer und Wassersportler von der Sportgruppe Schwedt, später SG Komet, waren noch eifriger, sie traten und paddelten schon ab 1946.
Ins Leben gerufen hatte den UBV der damalige Chef der Wasserwirtschaft, **Kurt Lasa**. Trainer war **Manfred Wilken**, der dafür sogar seine eigene Boxerkarriere aufgab. „Mein Manne" nennt ihn **Egon Leske** noch heute. Der gelernte Maurer hatte zwar im Gegensatz zu Leske nie die Ausbildung zum Trainer gemacht, aber „das war ihm angeboren". 30 Boxer trainierte er, als Egon Leske 1966 als hauptamtlicher Trainer nach Schwedt versetzt wurde. Da Leske gleichzeitig Bezirkssportleiter für den ganzen Bezirk Frankfurt (Oder) war, fuhr er bei Regen und Schnee mit dem Motorrad z.B. zwischen Bernau und Eisenhüttenstadt hin und her.

Teilnehmer der Schwedter Boxmeisterschaften von 1967.

Am Anfang waren die Männer in der Turnhalle der ehemaligen Schwedter Mädchenschule untergebracht, später im Kulturhaus „Artur Becker", wo ihnen der Ballettmeister **Wolf Jäger** ein Stück des Spiegelraums abgab. Nach dem scherzhaften Motto „Hart gegen sich selbst, grausam gegen andere" machten die Jungs unter freiem Himmel Klimmzüge an Teppichstangen – und landeten im Schlamm, wenn es geregnet hatte. Trotz oder wegen dieser schweren Bedingungen waren die Schwedter ab 1967 in allen Bezirksklassen regelmäßig vorne mit dabei. Im Kulturhaus der Bauarbeiter, einer Baracke in der Nähe des Marktes (Berliner Straße), die die Schwedter nur „Holzoper" oder „Schuppen" nannten, fanden die Wettkämpfe statt. Wegen Überfüllung mussten oft Besucher an der Tür abgewiesen werden. „Die Bauarbeiter wollten was erleben, im ‚Schuppen' brannte die Luft", schildert Egon Leske die Stimmung.

Kulturhaus der Bauarbeiter. Hier ging's mitunter hoch her – nicht nur bei offiziellen Boxkämpfen. 1977 wurde der Bau abgerissen. Im Hintergrund: Bau der „Uckermärkischen Bühnen".

Hier brannte aber nicht nur die Luft, wenn sich die Boxer im fairen Wettkampf beharkten, sondern auch, wenn keine Wettkämpfe stattfanden. Prügeleien waren dort an der Tagesordnung, so erzählen Zeitzeugen. 1977 wurde der Bau wegen Einsturzgefahr abgerissen.

Als 1969 die Dreiklang-Halle eröffnet wurde, rangen die Boxer darum, einen kleinen Raum zur Verfügung gestellt zu bekommen. Damit hatte die Wanderschaft ein Ende. Egon Leske veranstaltete eine „Jagd durch alle Schulen", um talentierte Nachwuchssportler zu finden. Ende der 70er waren 140 Schwedter im Boxsport aktiv.

Egon Leske und seine Boxer bekamen im „Dreiklang" endlich einen eigenen Trainingsraum.

TAUSENDSASSA MANFRED SCHNEIDER

Die BSG „Rotation" wurde am 22. Februar 1960 gegründet. Initiiert hatte sie der Betriebsdirektor der Papierfabrik, **Kurt Kluge**. Sie ging immerhin mit 106 Mitgliedern an den Start. Mit dabei war auch **Gerhard Hein**, der die erste Fußballgemeinschaft nach dem Krieg geleitet hatte. Zunächst waren in dem Verbund die Sportarten Fußball, Schach und Tischtennis organisiert. Rotation kooperierte eng mit dem Instandsetzungswerk (IWP) Pinnow. Hier saß seit 1964 **Manfred Schneider** als Beauftragter für Freizeit- und Erholungssport. Angestellt war er bei der Armee, um den Ausbau des Breitensports zu koordinieren. Auch in seiner Freizeit drehte sich bei Manfred Schneider alles um das eine Thema: Er übernahm ehrenamtlich den Posten des Vorsitzenden der Armeesportgemeinschaft (ASG) Pinnow I, war Mitglied im Sekretariat des Deutschen Turn- und Sportbunds Kreisverband Angermünde/Schwedt, knüpfte über das Sportkomitee des Ministeriums für Nationale Verteidigung Kontakte in die ganze DDR. Und nicht zuletzt war er ein leidenschaftlicher Tischtennisspieler. Als Gastspieler war Manfred Schneider sogar mit der Einheit Potsdam in der Oberliga unterwegs und engagierte sich vor allem in der Nachwuchsförderung.

ZUCKERKUCHEN FÜR DIE KRAFT

In Schwedt konnten die Tischtennisfreunde Mitte der 60er die Paul-Meyer-Halle nutzen, die ehemalige Sporthalle der im Krieg zerstörten

Knabenschule, nahe der evangelischen Kirche. Beheizt wurde sie noch mit einem Holzofen. Im Winter galt die Regel, dass jeder Sportler zum Training ein Scheit mitbrachte.

Die Turnhalle der ehemaligen Knabenschule in der Paul-Meyer-Straße war eine der wenigen, die nach dem Krieg zur Verfügung stand.

„Wenn es kalt war und die plötzliche Wärme die Luft in den Tischtennisbällen aufheizte, platzten manchmal die Bälle", erinnert sich Manfred Schneider.
Zu Wettbewerben ging es mit fünf Mann in einem Trabi. Die auf der Rückbank saßen, hielten das Blech Zuckerkuchen auf dem Schoß, das **Bäcker Hein** regelmäßig spendete, um den Sportlern Kraft zu geben.

Sport für den Kopf – Schachwettbewerb in Schwedt.

Auf den Einsatz von Pinnow und Schwedt gingen Initiativen wie „Eile mit Meile" und „Lauf dich gesund" zurück, die möglichst viele Menschen in Bewegung bringen sollten. **Dietrich Lüdtke** gründete später die bis heute bestehende Laufgruppe „Schwedter Hasen" und wird seither nur noch der „Hasenvater" genannt. Auch den Wassersport trieb „Rotation" voran. Ein alter, offener Lastkahn wurde als Landungssteg für die Nachwuchssegler in der Querfahrt vertäut. An der Brücke von Criewen entstand ein Ruderheim für Freizeitsportler. „Sport bringt Optimisten hervor, die froh und fröhlich durch die Welt gehen", ist Manfred Schneider auch heute noch überzeugt.

KARL GRÖDEL GEGEN DIE GANZE PRODUKTION

BETRIEBSSPORTFEST IM PCK

An die enge Verbindung zwischen Betrieben und Sportförderung denkt auch PCK-Hauptbuchhalter **Karl Grödel** gerne zurück. Jeder Fachdirektor in der Raffinerie übernahm eine Sparte, Grödel selbst war für Tennis zuständig. Das Problem: Tennisplatz und -halle am Rand der Stadt besaßen keine Toiletten. Weil die Stadt noch im Aufbau war und alles Geld in Wohnungen floss, standen gesellschaftliche Bauten hintenan. „Das war fürchterlich. Also haben wir uns mit der Gewerkschaft hingesetzt und überlegt, wie wir uns durch die Bestimmungen durchschlängeln." Das lag ihm als Hauptbuchhalter nicht gut im Magen. „Aber die Kinder konnten ja nicht alle in den Busch gehen."

Spielen vor den Schornsteinen: Die Belegschaft des PCK verbrachte häufig auch die Freizeit zusammen.

1976 bildeten sich im Schlepptau um die Vorbereitung auf die Olympischen Spiele in Montreal im PCK allgemeine Sportgruppen aus Menschen, die zwar ganz gern Sport trieben, aber noch nirgends organisiert waren: Kegeln, Tischtennis, Schwimmen – PCK besaß ein eigenes kleines Hallenbad – und Wandern, 86 Leute insgesamt. „So hat man viele neue Bekannte gefunden", sagt Karl Grödel. Auch die ausländischen Mitarbeiter fanden Anschluss. Zwei Jahre lang lief zum Beispiel ein japanischer Arbeiter beim Marathon mit.

1970 fanden die ersten Festspiele der BSG Chemie PCK statt.

Bei den Betriebsfestspielen, die eine Woche andauerten, gab es Wettbewerbe zwischen den einzelnen Direktionsbereichen – was zu einem gewissen Ungleichgewicht führte. „Wir wurden aufgestellt und nur einer stand mit dem ‚H-Schild' da (‚H' für Hauptbuchhaltung), und das war der Hauptbuchhalter selbst", erzählt Karl Grödel lachend. Wie sah denn das aus gegenüber „T" (Technik) und „P" (Produktion)! Ein Mitarbeiter der Hauptbuchhaltung, der beim Spielmannszug mitlief, pfiff die Kollegen bei der nächsten Sitzung ordentlich zusammen. „Danach wurden wir die beste Mannschaft", behauptet Grödel heute augenzwinkernd.

SPORTLER GRÜNDEN SPIELMANNSZUG

Die BSG beschränkten sich nicht allein auf die Stadt Schwedt, sondern gingen auch auf Werbetour, um neue Mitglieder zu gewinnen. Für die „Sportlerwerbeabende" fuhren die Kollegen über die Dörfer und veranstalteten dort ein Kulturprogramm. „Wir haben eine Musikkapelle zusammengestellt und Tanzabend gemacht", erzählt **Manfred Schneider**. Daraus entstand in Schwedt eine ganze Spielleute-Bewegung. Ab Ende der 1960er gab es in der Stadt einen Spielmannszug aus Armeeangehörigen und einen für Kinder und Jugendliche, geleitet von **Wolfgang Schreiber**. Die Armee stellte die Instrumente, die größten Auftritte gab es am 1. Mai. Aus dem benachbarten Gartz mischten **Edmund Hefter** und **Alfred Walter** mit. Später ging die Gruppe im 1974 vom PCK gegründeten Spielmannszug auf. Wolfgang Schreiber übernahm von **Bernd Neumann** die musikalische Leitung. Bis zur Wende verteidigte der Spielmannszug Schwedt seinen Titel als Bezirksmeister Frankfurt (Oder) und musizierte mit bis zu 100 Mitgliedern in der höchsten DDR-Klasse.

Kinder der Schwedter Spielzugbewegung begleiteten Paraden.

GRÜNDUNG DER JAGDHORNBLÄSERGRUPPE

Eigentlich hatte **Wolfgang Schreiber** genug zu tun mit seinem erfolgsverwöhnten Spielmannszug. Als ihn 1988 die Jagdgesellschaft fragte, ob er nicht eine Jagdhornbläser-Gruppe aufbauen wolle, hatte er keine rechte Lust dazu: 30 Jungjäger, die zur Brauchtumspflege verdonnert worden waren und keine Ahnung von Musik hatten, da konnte sich der Musiker Schöneres vorstellen. Also versuchte er einen Trick: Er trug dem Vorstand auf, erst einmal Instrumente zu besorgen, Ventilhörner, die schwer aufzutreiben waren. In der Försterei Wildbahn standen allerdings schon längst ganze Kisten davon auf Lager – die Ausrede klappte also nicht. Trotzdem reichten die Instrumente nicht für alle aus, weshalb manche aus der Gruppe erst mal lernten, das Halali nur auf dem Mundstück zu blasen. Ursprünglich ging es der Jagdgesellschaft nur darum, jemanden zu haben, der bei der Treibjagd die Signale gab. Mit diesen Ventilhörnern aber, die einen Tonumfang haben wie eine Trompete, und mit einem musikalischen Leiter mit Anspruch konnten die Bläser ihr Repertoire schnell erweitern. 1990 als frisch eingetragener Verein reisten sie zu einem Wettbewerb nach Cuxhaven und wurden zum Publikumsliebling der Westdeutschen.

WALDBAD MARKE EIGENBAU

SCHWEDTS ERSTE WETTBEWERBSFÄHIGE ANLAGE

Mit der Papierfabrik begann Schwedts Wandel zur Industriestadt, und genauso entscheidend trugen die Mitglieder der BSG „Rotation" zur Veränderung des Stadtbilds bei. Zusammen mit der Belegschaft des PCK errichteten sie in ihrer Freizeit die Waldsportanlage mit zwei Hart- und zwei Rasenplätzen, einer Halle und einer Kegelbahn. So gab es endlich ein Feld, das die korrekten Maße für internationale Wettkämpfe hatte.

Freiwillige verwandelten die Wildnis am Waldrand in eine Sportanlage.

Herzstück war das Waldbad. Es sollte das Strandbad am Kanal ersetzen, dessen Wasserqualität als äußerst fraglich galt. Zunächst musste das Gelände von Büschen und Unkraut befreit, zum Teil mussten sogar Betonplatten weggesprengt werden. Dabei halfen auch Armeeangehörige, die in Uniform den Spaten schwangen.

Die Armee und die Sportgemeinschaften arbeiteten eng zusammen.

Jeden Sonnabend waren bis zu 30 Leute da, um zu hacken und Steine zu schleppen. Bis zum 31. Dezember 1985, notierte **Manfred Schneider**, hatten die Freiwilligen 67 872 Arbeitsstunden abgeleistet und damit der Stadt über eine halbe Million Mark gespart.

WALROSS ALS WASSERRUTSCHE

Das Freibad eröffnete im Mai 1969. Schon im Jahr darauf verzeichnete es 87 000 Besucher. 31 Jahre lang sorgte **Horst Schulze** als erster Schwimmmeister für Ordnung, danach übernahm sein Sohn Jürgen die Aufgabe. Eine besondere Attraktion war eine sechs Meter hohe Wasserrutsche, die der Künstler **Joachim Liebscher** (1926–1994) mit der Unterstützung von Maurer **Peter Dietrich** und Zimmermann **Erwin Marsch** aus Feldsteinen baute.

Das Walross war eine Hauptattraktion des Waldbads.

Sie hatte die Form eines Walrosses, die Stoßzähne dienten als Geländer und es konnte aus den Nüstern eine Wasserfontäne blasen. Das Material hatten die Kinder der POS I auf dem Acker gesammelt. Joachim Liebscher baute noch zwei weitere Walrösser, in Polen und Schweden. Peter Dietrich durfte ihn jedoch nicht, wie gewünscht, ins westliche Ausland begleiten, weil er kein Genosse war.

Jedes Jahr fand auf dem Gelände ein Sportfest statt, das bis zu 1000 Menschen anlockte. Versorgt wur-

Wer bleibt stehen? Spielerische Wettkämpfe beim Waldbad-Sportfest.

den sie mit der Gulaschkanone der Armee. Hier ging es weniger um Hochleistungssport, sondern vor allem um Spaß. Zum Beispiel wurden im Kinderbecken Karpfen ausgesetzt, die es dann mit der Hand zu fangen galt.

Wie sehr einige Schwedter an „ihrem" Waldbad hingen, zeigten 2010 die – allerdings vergeblichen – Proteste, als die Stadtverordneten es zugunsten des neuen Freizeitbads „Aquarium" schließen ließen. Das Walross fand einen neuen Platz als Skulptur vor dem Wassersportzentrum.

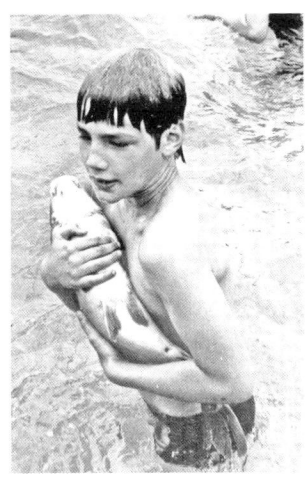

Erfolgreicher Karpfenfänger im Kinderbecken.

„UNSER LEBEN DEMONSTRIEREN"

PARADE UND FEIERN ZUM 1. MAI

Ein Höhepunkt im Jahr, nicht nur für Spielmannszüge, war in Schwedt wie in allen DDR-Städten der 1. Mai, der Internationale

VIP-Tribüne mit Blick auf die Parade am 1. Mai 1975.

Kampf- und Feiertag der Werktätigen für Frieden und Sozialismus. Ab 9 Uhr gab es einen großen Demonstrationszug. „Wir haben für nichts und gegen nichts demonstriert, wir haben einfach demonstriert – unser Leben demonstriert", erklärt der ehemalige Erste Kreissekretär **Werner Krause**. Über zwei Stunden stand er mit den offiziellen Vertretern auf der Tribüne an der Leninallee und ließ den Zug an sich vorbeiziehen.

Die Gruppen mussten sich in den Nebenstraßen treffen, um sich aufstellen zu können, so viele Menschen nahmen teil. Immer mit dabei: die Kapelle der sowjetischen Streitkräfte von der Pateneinheit aus Eberswalde. Die lief den ganzen Vormittag mit ihrem Leiter, einem kleinen, drahtigen Fallschirmjäger, im Kreis. Wenn der eine Abschnitt des Zuges am Theater angekommen war, ging sie wieder zurück, um beim nächsten für Musik zu sorgen. Alle Betriebe stellten sich vor, die Pioniere, die Schulen und Sportgemeinschaften. Wer einen Wagen hatte, schmückte ihn mit Blumen. Am Ende liefen immer die Polizei und die GST, die Gesellschaft für Technik und Sport, die unter anderem der vormilitärischen Ausbildung diente. Trotzdem gab es noch genug Publikum am Straßenrand: Wer mit dem Marschieren fertig war, gesellte sich zu seinen Angehörigen. Die Kinder winkten mit Fähnchen und versorgten sich an den Ständen mit Bratwürsten und Getränken. Während der Parade galt Alkoholverbot, doch hinterher ging es in die Kneipen und abends gab es Tanz.

BITTE NICHT ZU SEHR VERWÖHNEN!

KINDER AUS ALLER WELT IN DER PIONIERREPUBLIK

Nicht ganz so groß, aber internationaler war die Parade mit den Teilnehmern des internationalen Sommerlagers der Pionierrepublik „Wilhelm Pieck". Im August 1973 machten Kinder aus 45 Ländern erstmals Station in Schwedt. Nicht etwa nur aus den sozialistischen Staaten, sondern von allen möglichen Kommunismus-freundlichen Organisationen, vermittelt über „Cimea", dem internationalen Kinderbüro beim Weltbund der demokratischen Jugend.

Sie verbrachten den Sommer in einem 1952 gebauten Camp, ab 1973 wurde der Abstecher nach Schwedt Tradition. Rund 1000

Kinder aus 45 Ländern warteten am Bahnhof Schwedt auf ihre Gastfamilien.

Kinder kamen mit dem Zug an und sammelten sich am Bahnhof, sortiert nach Ländern. Hier holten die Gastfamilien sie ab. Bei **Werner Krause** zog ein Junge aus Italien ein. „Die Verständigung klappte prima, mit Händen und Füßen", erzählt er. Der Junge malte auf, dass seine Familie in der Landwirtschaft arbeitete. Und wenn es doch mal Probleme gab, kam ein Dolmetscher ins Haus.

Fahrradausflug in die Polder mit dem Gast aus Italien.

Drei Tage blieben die Kinder, jeden Tag gab es Programm: einen Basar auf dem Platz der Befreiung, Tänze und Kino im Park Heinrichslust, Schwimmen im Waldbad. Viele Gastfamilien ließen es sich nicht nehmen, „ihre" Kinder neu einzukleiden. „Das ging so weit, dass der Besuch aus der Pionierrepublik fast nicht mehr durchführbar war", sagt

Mit einer Parade entlang der Leninallee verabschiedeten die Schwedter die Pionierrepublik.

Werner Krause. Manche Schwedter bekamen Angst, so viel Geld für die Gäste ausgeben zu müssen, dass sich keine neuen Gastfamilien mehr fanden. Also sprachen die Organisatoren ein Machtwort und verboten teure Geschenke. Trotzdem: „Das war immer ein echtes Volksfest", erinnert sich Werner Krause. Zum Abschied gab es einen großen Umzug, mit Wagen, Trommeln und Musik die Leninallee entlang.

GASTSTÄTTEN UND CAFÉS

In den 60er- und 70er-Jahren sah es nicht gut aus mit Gaststätten in Schwedt. Um die umfangreichen Bauprojekte jener Zeit umsetzen zu können, bevölkerten Tausende Bauarbeiter die Stadt. Und nicht nur die wollten mehr als Bockwurst mit Brötchen und Bier angeboten bekommen. Es gab zwar einige Gaststätten, wie „Centra", „Stadtcafé", „Monplaisir", „Jägerhof", „Zur Quelle", „Bahnhofsgaststätte", „Oderland", „Stadt Schwedt", „Stadt Plock" ... Die waren jedoch teilweise in einem schlechten Zustand. Die Öffnungszeiten und das Speisenangebot waren ein weiteres Problem. In der Altstadt wurden in den 60er- und 70er-Jahren einige Gaststätten, die wegen ihres baulichen Zustands und des dürftigen Angebots beim Publikum nicht mehr so beliebt waren, geschlossen. Es fehlte auch immer an Personal. Als die Imbiss-Gaststätte „Oderland" 1970 vorübergehend geschlossen wurde, um dort ein neues „Exquisit" einzurichten, ging das Personal in die neue Gaststätte „Dreiklang". Auch das „Stadtcafé" war einige Jahre vorher zu einem „Exquisit" umgebaut worden.

Im „Neuen Tag" war 1979 zu dem Problem des Service im „Klub der Werktätigen" in der Auguststraße in einem Leserbrief zu lesen:
„... Wir setzten uns an einen Tisch (19.15 Uhr), der ausgewiesen war mit ‚Reserviert', weil einige Tische besetzt, die übrigen aber reserviert waren. Bis 19.35 Uhr waren wir weder bedient noch beachtet worden. Um uns bemerkbar zu machen, stellten wir das Schild mit der Aufschrift „Reserviert" kurz beiseite. Sofort wurde man auf uns aufmerksam (...) Auf unsere Frage, warum wir nicht bedient werden, wurde uns in einem schroffen Ton geantwortet: ‚Weil Sie sich schlecht benommen haben.' Uns wurde schließlich mit der Polizei gedroht. Auch wurden uns die Personalausweise abverlangt, die wir aushändigten. Wir forderten das Gästebuch, das uns mit dem gleichen Tonfall verwehrt wurde. So verließen wir 19.45 Uhr die Gaststätte."

Die Ende der 70er-Jahre eröffnete „Kaffee-Eis-Bar" galt in Schwedt als „Einrichtung mit spezifischem Charakter, als Ergänzung zu den modernen Gaststätten – klein, aber fein". Der Nachteil war allerdings, dass man dort nur schwerlich einen Platz bekam. Nicht zu vergessen die „Mocca-Perle" an der Vierradener Straße. Hier konnte man gemütlich Kaffee trinken – ein beliebter Treffpunkt. „Die brummte ohne Ende", meinte ein damaliger Besucher.

Der Komplex der Gaststätte „Nowopolotzk" mit Schulspeisung für Hunderte von Kindern.

Die Gemütlichkeit in den Gaststätten ließ etwas zu wünschen übrig, zum Beispiel in der an der oberen Talsandtrasse, der „Stadt Plock" in der Wilhelm-Pieck-Straße und im „Club der Chemiearbeiter" an der Friedrich-Engels-Straße. Hier herrschte eine „Wartesaal-Atmosphäre". Sicher war dies auch der Größe der Gaststätten geschuldet. Besser gelöst hatte das die „Stadt Schwedt" am Platz der Befreiung. Sie war in mehrere Bereiche unterteilt und strahlte trotz ihrer Größe ein gewisses Flair aus.

Noch zu erwähnen sei die „Grillbar", von den Schwedtern „Eselstränke" genannt. Neben den besten Broilern (Grillhähnchen) der Region – so behaupten manche – wurde hier auch viel Alkohol konsumiert. Weil der Busbahnhof in der Nähe war, kamen hier viele Leute vorbei und standen in langer Schlage, um einen frischen Broiler zu ergattern. Auch Eis verkaufte man dort und im Winter Grog.

RESERVIERUNG NÖTIG

MITTAGS SIND GASTSTÄTTEN VOLL

Auch wenn manche Schwedter nach einem harten Arbeitstag nur noch in ihrem Kleingarten abschalten wollten – die zahlreichen

Gaststätten der Stadt waren gut besucht. Mittags bekam man zum Beispiel in der „Stadt Schwedt" am Platz der Befreiung nur nach Vorbestellung einen Sitzplatz. Als Tanzlokal eignete sich das Schloss Monplaisir, liebevoll „Monte" genannt. Lange Zeit war die „Centra"-Gaststätte an der Bahnhofstraße der gesellschaftliche Mittelpunkt.

Treffpunkt nicht nur für Liebespaare – das „Centra".

Eröffnet wurde sie am 1. März 1963 und hatte den Spitznamen „Schwarzer Panther" – wegen ihres anthrazitfarbenen Anstrichs. Sehr beliebt war auch die Gaststätte, die ab dem 15. Mai 1970 zum Dreiklang-Komplex gehörte: Speise- und Tanzlokal mit 160 Sitzen, im Weinrestaurant hatten 65 Gäste Platz. Und für alle, die keinen Zigarettenrauch mochten, gab es einen abgetrennten Nichtraucherbereich mit 90 Stühlen. Im Saal nebenan fanden unter der Woche die Schulspeisungen für vier Schulen statt und am Wochenende Veranstaltungen.

BROILER IN DER „MÜCKE"

Am 29. Mai 1970 eröffnete die „Parkgaststätte Heinrichslust". Besondere Spezialität: Broiler. Doch nur wenige Tage später hatte der Biergarten seinen Spitznamen weg. „Die Mücke, weil da abends immer so viele Mücken waren", erinnert sich **Peter Schauer** halb lachend, halb schaudernd. Vom 4. bis 6. Juni 1970 spritzte die PGH Schädlingsbekämpfung Eberswalde im Auftrag des Direktors für Hygiene- und Seuchenschutz, Dr. Franke, Gift in den Parks Heinrichslust, Monplaisir, Schlosspark und am Waldbad. Die Bevölkerung wurde aufgefordert, in den Bereichen in diesem Jahr keine Pilze oder Waldbeeren zu ernten. Der Spottname blieb hängen, und wenn der Konsum dort Freiluftkino veranstaltete, nannten die Schwedter das auch nur das „Mückenkino".

Die Kulturgruppe „Rohtabak" führte im Park Heinrichslust Tänze vor.

Als die „Heiden von Kummerow" gezeigt wurden, kamen trotzdem aus den umliegenden Dörfern die Leute herbei und brachten ihre eigenen Stühle mit, weil es nicht genug Sitzplätze gab, erinnert sich **Karin Mählig**. Dabei hat Ehm Welk, der 1937 die Buchvorlage zu dem Film schrieb, zwar den Namen des Dorfes Kummerow nahe Schwedt verwendet, beschrieb aber eigentlich Biesenbrow bei Angermünde. Nach der Wende erhielt der Biergarten ganz offiziell den Namen „Alte Mücke", um die Erinnerung aufrechtzuerhalten.

HEINRICHSLUST

ERBARMEN, DIE PUHDYS KOMMEN!

In Heinrichslust fanden außerdem die Betriebsfestspiele statt, die die Abteilung Kultur der Stadt organisierte. Jedes Jahr standen sie unter einem anderen Motto wie „Indianer" oder „Märchen", und die Produktionspropaganda schmückte den Park entsprechend. Auf der Freilichtbühne traten die Schwedter Kulturgruppen auf und am Ende gab es immer einen Stargast.

Die Rockband Puhdys kam auch nach Schwedt.

Als **Karin Patzschke** und ihr Team vom „Artur Becker", die die Abteilung Kultur unterstützten, zum ersten Mal die Puhdys gebucht hatten, gab es fast Ärger. „Die Verantwortlichen der Betriebsgewerkschaftsleitung sagten: ‚Seid ihr denn verrückt? Da kommen doch Himmel und Menschen hin! Wie wollt ihr die alle wieder loswerden?'." Der Eintritt war nämlich frei und bei dem Konzert einer anderen Band hatte sogar einmal das Überfallkommando ausrücken müssen, um eine Prügelei aufzulösen. Doch **Sänger Dieter „Maschine" Birr** beruhigte Karin Patzschke. Die Band ließ einfach während des Abbaus noch Musik laufen, um den Leuten Zeit zu geben, noch etwas zu tanzen und sich nach und nach zu zerstreuen. „Das hat wunderbar geklappt. Und hinterher waren alle froh." Die Puhdys traten noch öfter in Heinrichslust auf, zuletzt bei der „Rockfriedensnacht" kurz vor der Wende, am 25. Juni 1989 vor 1500 Zuhörern. Bei **Ursula Dittberner**, die in der Nähe des Parks wohnte, hat sich in die Erinnerung eingebrannt, wie sie nach einer langen Radtour nicht schlafen konnte, weil durchs Fenster hineinschallte: „Geh zu ihr, und lass deinen Drachen steigen".

JUGENDCLUBS UND BARS

VON BLUES UND ROCK BIS COUNTRY

Von 1972 an hatte die Jugend einen eigenen Club in einem Flachbau in der Marie-Curie-Straße (nach der Wende das „Wendeland" genannt), später kam die „Ausspanne" in der Flemsdorfer Straße dazu. 1982 zählte der „Neue Tag" schon 14 Jugendclubs, drei für Erwachsene, 18 Gaststätten und vier Kulturhäuser. Seit 1983 residierte der Karthausclub in einem um die Jahrhundertwende gebauten Haus, das die Zerstörung der Altstadt überlebt hatte. Geheizt werden musste mit einem Kohleofen. Die Jugendlichen organisierten sich ihr Programm selbst, ein 20-köpfiger Clubrat unter der Leitung von **Karen Falkenberg** plante für nahezu jedes Wochenende ein Konzert oder eine Disco, erinnert sich **Thomas Gröschel**.

Junge Lehrer trafen sich gern nach Feierabend zum Feiern.

Für ihn war der Club „das zweite Wohnzimmer". „Wir haben mit viel weniger Mitteln viel gemacht."
Das „Karthaus" deckte Blues und Rock ab, im „Marie Curie" liefen Depeche Mode und New Wave. Jeden Freitagabend war die Bude voll, und montags standen schon wieder alle Schlange, um sich Karten fürs nächste Wochenende zu besorgen. Hausband war „Die Tiere", auch „Effekt" trat öfter auf mit Rock-Cover-Songs.

ZWEI FRAUEN TANZEN ZUSAMMEN – RAUSGESCHMISSEN

Nach der weißrussischen Partnerstadt Nowopolozk, in der es ebenfalls eine Ölraffinerie gab, war eine Gaststätte im WK7 benannt. An der Fassade prangte ein Mosaik von Friedrich Engels. Die Schwedter nannten sie doppeldeutig die „rote Bar", wegen der Nischen mit roten Samtsesseln. Manchmal wurden dort Filme gezeigt, sonst gab es Tanz. **Ursula Patz** sorgte dort 1982 mit ihrer Lieblingsnichte für ein „Skandälchen":

Nachdem sich einige Leute bei der Bedienung beschwert hatten, weil die Frauen ihrer Meinung nach zu eng miteinander tanzten, schmiss der Chef sie tatsächlich raus. Doch die beiden lachten nur darüber.
Gegenüber gab es den CdC – Club der Chemiearbeiter mit einer Kegelbahn im Keller, gebaut und betrieben vom PCK. Hier fanden des Öfteren Themenabende statt: mal mit böhmischer Musik, Knödel und Schweinebraten, mal Country und Jazz mit Bands, die amerikanische Cowboyhüte trugen.

SCHWEDT BENENNT MUSIKSCHULE NACH KOMPONISTEN

Für alle Musikinteressierten gab es seit 1964 eine Außenstelle der Musikschule Eberswalde. Am 9. Januar 1971 wurde endlich die Schwedter Musikschule unter der Leitung von **Walter Brüning** mit acht haupt-, acht nebenamtlichen Lehrern und 200 Schülern gegründet. Die mussten in den Räumen der verschiedenen Oberschulen proben, bis die Musikschule 1975 ein eigenes Gebäude am Kanal bekam. Am 10. Juni 1979 wurde sie nach **Johann Abraham Peter Schulz** (1747–1800) umbenannt, dem Komponisten von „Ihr Kinderlein kommet" und „Der Mond ist aufgegangen", der seine letzten beiden Lebensjahre in Schwedt verbracht hatte. Diesen Namen trägt die Musikschule bis heute.

TAG DES CHEMIEARBEITERS

FEIERN IN DER „NEUEN ZEIT"

Trotz seines Namens wurde der „Tag des Chemiearbeiters" nicht im CdC gefeiert – er war zu klein –, sondern in der Sporthalle „Neue Zeit". 1960 fand das Fest zum ersten Mal statt und mit dem Anwachsen des Erdölverarbeitungswerks wuchs auch die Anzahl der Veranstaltung. 1977 wurden 8000 Menschen in Schwedt als „Chemiearbeiter" gezählt. Klar, dass für alle zusammen selbst in Schwedts bis dato größter Halle kein Platz war. Am zweiten Novemberwochenende fanden am Sonnabend eine Kinderveranstaltung und abends ein Ball statt. „Tag des Chemiearbeiters war immer unvergleichlich", sagt Karin Patzschke. „Wer in die Halle nicht reinpasste, musste zum Frühschoppen ins ‚Dreiklang' – und war sauer." Obwohl die Künstler vom Vorabend am nächsten Vormittag noch mal auftraten, die Stimmung war einfach nicht die gleiche.

Die junge Nina Hagen brachte das Publikum beim „Tag des Chemiearbeiters" zum Lachen.

PCK ließ sich die Feier ihrer Mitarbeiter einiges kosten und fuhr Stars wie Manfred Krug und Nina Hagen, aber auch Prominenz aus dem Westen auf. **Klaus Grodon**, bei der Raffinerie als persönlicher Fahrer angestellt, holte diese in Berlin im Hotel ab. In besonders guter Erinnerung hat er **Ruby Manila**, eine Sängerin mit asiatischen Wurzeln, die 1974 mit dem Volkslied „Es waren zwei Königskinder" in der ZDF-Hitparade aufgetreten war. Abgestiegen war sie im Hotel am Alex unter dem Namen „Strutzke". Als die junge Frau strahlend aus dem Aufzug trat, stellten die beiden fest, dass sie Partnerlook trugen: blaues Unterhemd, beziehungsweise Bluse, und knallgelber Pullover. Ruby Manila lud den Fahrer gleich zum Frühstück ein. Dem waren die Blicke der anderen Gäste fast schon unangenehm. Und als sie zur Probe in Schwedt ankamen, sagte der Schlagzeuger der Begleitband: „Die bringt ja sogar ihren Ollen mit."

TÜRSTEHER FÜR KATJA EBSTEIN

Mit noch mehr Ehrfurcht trat Klaus Grodon an **Katja Ebstein** heran, die beim „Kessel Buntes", angelehnt an die berühmte DDR-Fernsehshow, auftrat. Doch da wartete eine Überraschung auf ihn: „Ich hab' gedacht, ich werd' nicht mehr, die hat mit mir bis Schwedt über Gott und die Welt gequatscht, so richtig Berliner Schnauze!" Im ersten Stock der „Neuen Zeit" war für Katja Ebstein eine Garderobe eingerichtet. Plötzlich kam **Heidemarie Kalis** vom Kulturhaus „Artur Becker" zu Klaus Grodon und bat ihn um Hilfe: Autogrammjägerinnen belagerten die Garderobe. Katja Ebsteins Mann, der Regisseur Klaus Überall, hielt von innen die Tür zu, während die Sängerin am Tisch saß und im Akkord signierte. Also stellte sich Klaus Grodon wie ein Bodyguard vor die Tür, drängte die Fans zurück und verteilte die Autogrammpacken, die Überall ihm herausreichte.

DER BESTINFORMIERTE MANN

Klaus Grodon erzählt rückblickend über seine Arbeit im PCK: „Der Kraftfahrer war der bestinformierte Mann im Betrieb." Einst hielt er einem betrunkenen stellvertretenden Chemieminister beim Übergeben den Kopf, und wöchentlich fuhr er Mitglieder der Betriebsleitung nach Berlin zu Besprechungen. Wenn er nahe der Mauer parkte, hatte er den Polizeifunk von Westberlin auf Kurzwelle im Autoradio und grauste sich vor den Totschlag- und Raubüberfall-Meldungen.

EIS VERSTOPFT ODER UND KANAL

BEIM WINTERHOCHWASSER 1982 KATASTROPHE ABGEWENDET

Das größte Eishochwasser des 20. Jahrhunderts drohte im Januar 1982 die Schlosswiesen zu fluten – das Kulturhaus, das ein Stück

Am Eiswachhaus hatten beim Winterhochwasser 1982/83 die Eisplatten die Deichkrone fast erreicht.

höher lag, war noch sicher. Eine Mischung aus Tauwetter und plötzlichem strengen Frost hatte dafür gesorgt, dass sich bei hohem Wasserstand in der Oder Eisschollen übereinandertürmten. Die Eisversetzung sorgte für einen Rückstau, der den Pegel in den Poldern steigen und das Wasser mit Macht gegen den Winterdeich drücken ließ. Die Gefahr bestand, dass dieser brechen und die Flut den Kanal zum Überlaufen bringen würde. Bei der Messstation Stützkow erreichte der Scheitelwasserstand am 11. Januar 1018 cm und lag damit sogar noch über dem Spitzenpegel von 1009 cm beim berühmten Oderhochwasser im Sommer 1997.

Zum Glück hatte Schwedt seit 1969 seine eigene Flussbereichsleistung direkt vor Ort. 1966 sei die Bezirksleitung nach den Erfahrungen eines Eishochwassers zu der Erkenntnis gelangt, dass die Oder mit ihren Poldern ein Spezialfall ist, der nicht so einfach zentral von Frankfurt verwaltet werden könne, erzählt **Rudolf Grimm**, der ab 1969 als Flussbereichsleiter die Verantwortung trug. Besonders im Winter konnte es passieren, dass das Eis die Oder bis in sieben Meter Tiefe zusetzte, sodass gelegentlich der einzige Ausweg eine Sprengung war.

200 EHRENAMTLICHE

Schon lange vor der Einrichtung des Auenland-Nationalparks Unteres Odertal 1995 wurden die Polder aus Hochwasserschutzgründen in jedem Winter geflutet. Zwischen dem 15. November und dem 15. April mussten die Rinder und Schafe der LPG runter von den Wiesen und Heumachen war unmöglich. „Das war jedes Mal ein Theater", so Rudolf Grimm.
Zum Glück waren seit 1966 ein neues Schöpfwerk gebaut und die Winterdeiche erhöht worden. „Der tolle Markgraf (gemeint ist der für seine Eskapaden berühmte Friedrich Wilhelm von Brandenburg-Schwedt, 1700–1771, Anm. d. Autorin) wollte am Schloss die Deiche nicht so hoch haben, damit er in die schöne Landschaft schauen konnte", erklärt Rudolf Grimm. In jedem Frühjahr gab es Kreis- und Bezirksdeichschauen, um zu klären, was im Winter beschädigt worden war und repariert werden musste. Bis 1981/1982 hatte die DDR über 76 Millionen Mark in den Hochwasserschutz an der Oder investiert.
Jede Gemeinde stellte aus ihren Betrieben ehrenamtliche Deichwachen zur Verfügung, die von der Flussbereichsleitung geschult wurden. Die liefen ab Alarmstufe 3 paarweise – Frauen tagsüber, nachts nur Männer – die Deiche ab und überprüften, ob irgendwo etwas wegzusacken drohte. 200 Ehrenamtliche waren im Januar 1982 zwischen Schwedt und Ratzdorf unterwegs. Am 24. Januar rückten 2700 Mann von der NVA an, um sie zu unterstützen und 150 000 Sandsäcke zu stapeln.

Die Alarmstufe wurde bis auf vier hinaufgesetzt und erste Pläne für eine Evakuierung erwogen. Jeden Tag war ein Hubschrauber für die Eisaufklärung unterwegs.

„GRIMMS MÄRCHENWALD"

Bis Februar 1982 arbeiteten elf Eisbrecher aus der DDR und aus Polen zusammen, um das Eis aufzubrechen, sodass das Wasser endlich abfließen konnte. Die Bilanz: 14 Durchbrüche an Sommerdeichen, 2427 Hektar überflutete Äcker, Gärten, Grünland und Wald und rund vier Millionen Mark Schaden an der Technik der Wasserwirtschaft. Ortschaften und Bevölkerung aber waren verschont geblieben. Ein Grund dafür war auch „Grimms Märchenwald": Am Saatener Wehr hatte Rudolf Grimm Bäume pflanzen lassen, die die Eisschollen vom Deich fernhalten sollten. Die Kollegen hatten nicht daran geglaubt, dass das hilft – zum Glück lagen sie falsch.

BIBELSTUNDE NUR MIT POLIZEIERLAUBNIS

KIRCHENGEMEINDE FÜHLTE SICH GEGÄNGELT

Rudolf Grimm erklärt heute noch stolz: „Nach der Wende ist aus meinem Betrieb keiner abgehauen, die waren alle zufrieden." Der Tenor bei vielen Schwedtern lautet: Die Allgemeinheit konnte sich nicht beklagen, lebte vor sich hin, wurde nicht auffällig, machte Witze über SED und Korruption. Am Ende enttäuschten die Menschen mehr als der Kommunismus selbst, und auch wenn für einige mit der Wende ein Weltbild zusammenbrach, wollten sie sich trotzdem nicht erzählen lassen, dass alles schlecht war. **Peter Schauer** fasst zusammen: „Wir waren keine Hurrakommunisten, aber wir waren jung, wollten was werden, was gestalten und sind auch heute noch stolz auf das, was wir aufgebaut haben."

Wer jedoch nicht ganz ins Konzept des Arbeiter-und-Bauern-Staates passte, bekam die Grenzen zu spüren, so wie **Dr. Dietrich Plath**, dessen Familie mehrere Häuser besaß, als kapitalistisch galt und religiös war. Für ihn habe es keinen Platz in der Abiturklasse gegeben, sagt er. Bei einem Besuch in Westberlin beschloss der junge Mann spontan, dort zu bleiben. Er studierte im Westen und kehrte erst im Alter von 58 nach Schwedt zurück.

„ICH DACHTE, DIE LÖSEN EINEN NEUEN WELTKRIEG AUS!"

Das Pfarrerehepaar **Monika und Hans-Rainer Harney** wurde ebenfalls öfter zum Rat der Stadt bestellt und musste sich immer wieder rechtfertigen: Eine Straßenumfrage zum Thema „Heilige" stieß der SED genauso auf wie eine Flugblattaktion gegen Kriegsspielzeug. „Bibelstunden, die wir in unserer Privatwohnung gegeben haben, mussten wir immer bei der Polizei anmelden", sagt Hans-Rainer Harney. Das Aufstellen eines Schaukastens für kirchliche Aushänge wurde nicht genehmigt, ebenso wie der Einbau von Toiletten für den Konfirmandenraum, und Blumen für Gottesdienste waren fast gar nicht zu kriegen.

Dabei hatte das Ehepaar, das 1985 aus Berlin nach Schwedt gekommen war, schnell seine Vorurteile gegen die „stinkende Stadt mit Armeeknast" abgelegt. Die Schwedter Kirchengemeinde war recht aktiv, da sie vom Zuzug der Gläubigen aus dem Erzgebirge profitiert hatte. „Die Arbeiter sind aus der ganzen DDR gekommen und haben die Kirche mitgebracht, sie hat ihnen hier Halt gegeben", sagt Hans-Rainer Harney. Trotz der Unzufriedenheit mit dem System riet der Pfarrer den Menschen, die sich an ihn wandten, keinen Ausreiseantrag zu stellen: „Ihr nehmt eure Probleme nur mit in den Westen." Die Besetzung der Prager Botschaft im August 1989 freute ihn nicht, im Gegenteil. „Ich dachte, die lösen einen neuen Weltkrieg aus." Trotzdem meldete er sich beim Neuen Forum als Verbindungsmann. Auch in Schwedt begannen die Montagsdemonstrationen.

KERZEN VOR DEM STASI-SITZ
MONTAGSDEMONSTRATIONEN

Peter Schauer hatte sich nie besonders politisch engagiert. Er war mit seiner Arbeit im PCK zufrieden. Deshalb fielen er und seine Frau aus allen Wolken, als die 22-jährige Tochter ihnen im Sommer 1989 eröffnete, dass ihr Ausreiseantrag angenommen sei und sie die DDR verlassen würde – am nächsten Tag. Vorher hatte sie nicht gewagt, etwas zu sagen. Der Vater fuhr sie persönlich zum „Tränenpalast", dem Grenzübergang in der Friedrichstraße. Und zum Weinen war ihm auch zumute: „Da hat ja noch keiner geahnt, dass die Mauer fällt, wir dachten, wir sehen sie vielleicht nie wieder."

Irmtraud Schauers Schwester lebte im Westen. Als die beiden nach dem Tod der Eltern telefonierten, klingelte prompt die Stasi an. Die Wut stieg ebenso wie das Gefühl, eingesperrt zu sein. „Ich hatte kein schlechtes Leben und war kein Widerstandskämpfer, aber da reichte es mir", sagt Peter Schauer.

Unzufrieden mit der SED-Politik: Schwedter Montagsdemonstration.

„DIE KONNTEN UNS JA NICHT ALLE RAUSWERFEN!"

Ab Oktober 1989 lief das Ehepaar bei den Montagsdemonstrationen mit. Die führten stets am Stasi-Gebäude in der Bahnhofstraße vorbei, wo die Teilnehmer über 200 Kerzen aufstellten. „Angst hatten wir keine, die konnten uns ja nicht alle rauswerfen", meint Peter Schauer. Jugendclubmitarbeiter **Thomas Gröschel** erinnert sich, wie bei einem Konzert im „Dreiklang" Herren in Bügelfaltenhosen versuchten, Leute zu rekrutieren, die sich bei den Demonstrationen die Namen derjenigen merken sollten, die Schilder hochhielten. „Dabei waren wir selbst mittendrin dabei."

Pfarrer Harney hat nach der Wende seine Stasi-Akte gelesen und war enttäuscht herauszufinden, wer aus seinem Bekanntenkreis sich als Spitzel entpuppte. Im Oktober organisierte er drei Fürbittengottesdienste für die politischen Häftlinge, die bei den Massendemonstrationen in Leipzig verhaftet wurden. Es kamen Massen von Bürgern, die zum Teil nie die Kirche betreten hatten. Sie sprachen über ihre Unzufriedenheit und verlasen Mitteilungen des Neuen Forums.

„SCHWEDT KONKRET – AUFBRUCH IM DIALOG"

Die Kreisleitung der SED und Oberbürgermeister **Detlef Klose** luden am 30. Oktober zu der Diskussionsveranstaltung „Schwedt konkret – Aufbruch im Dialog" ein und baten auch Pfarrer Harney zu sprechen. Nicht die Kirche, sondern gute Politiker sollten Politik machen, sagte er in seiner Rede, aber: „Solange es Menschen in unserer Gesellschaft gibt, die an den Rand gedrängt werden, entspricht es unserem christlichen Glauben, ihnen zu helfen." Weil im Kulturhaus „Artur Becker" nicht annähernd alle 4000 Teilnehmer Platz hatten, machten die Draußengebliebenen so lange Tumult, bis die Veranstaltung vor dem Gebäude fortgesetzt wurde. Beim zweiten „Schwedt konkret" am 4. November auf dem Sportplatz Dreiklang waren 10 000 Schwedter dabei. Tausende nahmen bis in den Dezember hinein an den Montagsdemonstrationen teil und forderten die demokratische Erneuerung ihres Landes und ihrer Stadt. 3140 Bürger zogen 1989 fort, 665 gingen in den Westen. Der Rat der Stadt lud am 21. Dezember zum Runden Tisch ein – denn wie es jetzt weitergehen sollte, wusste keiner so recht.

STARTHILFE FÜR DIE WIEDERVEREINIGUNG

STÄDTEPARTNERSCHAFT SCHWEDT – LEVERKUSEN

Als eine Delegation aus Leverkusen am 27. Oktober 1989 in Schwedt mit Oberbürgermeister **Detlef Klose** den Vereinbarungsvertrag über eine Städtepartnerschaft unterschrieb, sollte es eigentlich nur ein „Gedanken- und Meinungsaustausch" im Namen der „Sicherung des Friedens" werden. Die DDR-Regierung hatte zwei Städte zusammengebracht, die beide von einem großen Chemiebetrieb abhängig waren. Vielleicht hofften sie auf eine Zusammenarbeit von Bayer und dem PCK. Stattdessen gaben sie unwissentlich Starthilfe für die Wiedervereinigung.

Oberbürgermeister Detlef Klose (links) unterzeichnete mit dem Leverkusener Amtskollegen im „Nowopolozk" den Partnerschaftsvertrag.

Von der wollte Detlef Klose selbst nach dem Mauerfall noch nichts hören. Beim Gegenbesuch in Leverkusen im Dezember 1989 sagte er laut seinem im Archiv erhaltenen Redemanuskript: „Ich würde mich freuen, wenn Sie mir übereinstimmen – eine Wiedervereinigung kann gegenwärtig nicht auf der Tagesordnung stehen." Man solle sich vielmehr auf das „gegenwärtig Machbare und Mögliche" konzentrieren.

Einen „Glücksfall der Geschichte" nennt **Jürgen Polzehl**, der 2005 Peter Schauers Nachfolge als Bürgermeister antrat, diese Partnerschaft. „Von oben verordnet, von unten gelebt." Denn kaum gab es am 18. März 1990 die ersten freien Wahlen, saßen die Schwedter bei den Leverkusenern am Tisch, um sich von Büroleiter Günter Nahl Tipps zum Aufbau einer Verwaltungsstruktur zu holen. Der westdeutsche Städtepartner schickte Verwaltungsbeamte, damit sie in Schwedt Aufbauhilfe leisteten. Leverkusener berieten, wie das Prinzip der Industrie- und Handwerkskammer und der Sparkasse funktioniert, und stellten einen Geschäftsführer fürs Klinikum. **Ralf Lupp** wollte eigentlich nur ein Jahr bleiben, am Ende waren es 13, danach kaufte er sich ein Häuschen in der Uckermark.
Leverkusen lieferte Feuerwehrtechnik, medizinische Geräte, Busse, Kopierer und mehr im Gegenwert von einer Million D-Mark. Vor allem konnte **Peter Schauer** einfach zum Hörer greifen und Oberbürgermeister Horst Henning oder Oberstadtdirektor Walter Mende anrufen. „Eine solche Freundschaft und Unterstützung von Städtepartnern habe ich nirgendwo sonst erlebt."

„DIE WAREN JA ALLE NOCH GUT …"

Als ein Leverkusener Sanitärladen am Wasserturm eröffnete, musste die Stadt zwischenzeitlich einen Bus-Sonderhalt einrichten, weil so viele Schwedter dort einkaufen wollten. Die DDR-Möbel flogen bei vielen raus – „… was die Gäste aus dem Westen gar nicht begreifen konnten", erinnert sich Peter Schauer. „Die waren ja alle noch gut – und die westdeutschen Billigmöbel haben danach nicht lange gehalten."
Bald konnte Schwedt seinerseits dem Städtepartner Ratschläge geben, beispielsweise bei der Einrichtung von Kitas, dem Umgang mit dem demografischen Wandel und knappen Kassen. Ein gutes Dutzend Vereine pflegt bis heute einen regelmäßigen Austausch. Jürgen Polzehl fasst zusammen: „Leverkusen hat materiell, finanziell, personell und menschlich alles getan, um uns das Ankommen in der neuen Gesellschaftsform zu erleichtern." Bei der Feier zur 25-jährigen Städtepartnerschaft im Oktober 2014 gab der Leverkusener Oberbürgermeister Reinhard Buchhorn das Kompliment gleich zurück: „Diese Städtepartnerschaft hat Toleranz und Verständigung gefördert. Der enge Kontakt hat ge-

holfen, Vorurteile zu überwinden und gemeinsam eine gesamtdeutsche Identität zu entwickeln."

Blick zurück: Heute sind die Kinder groß, die Hochhäuser abgerissen.

Besuchen Sie unsere Internetseite!

www.herkules-verlag.de

Bücher zum DDR-Alltag

Sylvia Pommert • Uwe Schieferdecker • Kurt Wünsch
Wir lebten in der DDR

Pioniertuch, Pittiplatsch und Plastikbomber
Baden in der Zinkwanne
Muckefuck zum Frühstück
„Pfuschen" nach Feierabend

Von langen Haaren, kurzen Röcken
Unten Jeans, oben FDJ-Bluse

„Bückware" und Beatmusik
Letscho, Grilleta, Broiler ...

Geschichten und Episoden
228 Seiten, S/W-Fotos, gebunden
ISBN: 978-3-941499-98-0

Bücher zum DDR-Alltag

Aus unserer Reihe „**Weißt du noch?**" – Geschichten und Anekdoten aus ehemaligen DDR-Städten, können Sie folgende Titel bestellen:

Arnstadt
Cottbus
Dessau Band 1
Eisenach
Erfurt Band 1 und Band 2
Gera
Halle (Fliederduft in der Fettbemme)
Magdeburg Band 1 und Band 2
Mühlhausen Band 1 und Band 2
Schwedt
Zwickau

Damals nach der DDR – Alltagsgeschichten
Gera
Halle
Magdeburg
Mühlhausen

Bücher über den Fußball

Weißt du noch?
von Oskar Beckenbauer, Bayerns einzigem Abstieg, einer Mannschaftssitzung mit Mick Jagger ...
und – Uli Hoeneß: „Zocken gehört verboten ..."
von Stephan Tönnies
88 Seiten, geb.,
zahlr. S/W-Fotos
ISBN 978-3-941499-91-1

E-Mail: info@herkules-verlag.de

Bücher über den Fußball

Jürgen Klopp
Kleine Geschichte eines außergewöhnlichen Fußballtrainers
von Claus Feldner
172 Seiten, geb., zahlr. S/W-Fotos
ISBN 978-3-941499-58-4

Das kleine
Borussia Dortmund Buch
Weißt du noch? Geschichten und Anekdoten
von Gerd Kolbe
88 Seiten, geb., zahlr. S/W-Fotos
ISBN 978-3941499-84-3

Weißt du noch?
Schalke 04
Geschichten und Anekdoten
von Friedhelm Wessel
88 S., gebunden, zahlr. S/W-Fotos
ISBN 978-3-941499-60-7

Weißt du noch?
Schalke 04 · Band 2
Geschichten und Anekdoten
von Friedhelm Wessel
88 S., gebunden, zahlr. S/W-Fotos
ISBN 978-3-941499-78-2

Das kleine
Felix Magath Buch
„Maggie", das „Besatzerkind"
und Kuschel-Sonntage mit der Familie ...
von Claus Feldner
88 Seiten, geb., zahlr. S/W-Fotos
ISBN 978-3-941499-80-5

Das kleine
Uli Hoeneß Buch
Respektloser Scharfmacher,
Besserwisser – ein Macho?
von Claus Feldner
88 Seiten, geb., zahlr. S/W-Fotos
ISBN 978-3-941499-79-9

HERKULES Verlag • Richard-Strauß-Straße 33 • 34128 Kassel
(0561) 9 37 17 38

Herkules Verlag

Die geniale Geschenkidee für 6,90 €

Fast alles über deinen Vornamen

... find ich super!

Weitere 50 Vornamen:

• Andrea • Angelika • Anna • Brigitte • Christa • Claudia • Erika • Gerda • Gisela • Helga • Ilse • Inge • Ingrid • Julia • Karin Katharina • Monika • Nicole • Petra • Renate • Sabine • Sandra • Stefanie • Susanne • Ursula •

• Alexander • Andreas • Christian • Daniel • Gerhard • Günther • Hans • Heinz • Helmut • Horst • Jan • Jürgen • Klaus • Marco • Mario • Matthias • Michael • Peter • Sebastian • Stefan • Thomas • Uwe • Walter • Werner • Wolfgang